Hubert Philipp Weber

Leben nach dem Tod

Hubert Philipp Weber

Leben nach dem Tod

Die christliche Hoffnung verstehen

Matthias Grünewald Verlag

VERLAGSGRUPPE PATMOS

PATMOS
ESCHBACH
GRÜNEWALD
THORBECKE
SCHWABEN
VER SACRUM

Die Verlagsgruppe
mit Sinn für das Leben

MIX
Papier | Fördert
gute Waldnutzung
FSC® C083411

Die Verlagsgruppe Patmos ist sich ihrer Verantwortung gegenüber unserer Umwelt bewusst. Wir folgen dem Prinzip der Nachhaltigkeit und streben den Einklang von wirtschaftlicher Entwicklung, sozialer Sicherheit und Erhaltung unserer natürlichen Lebensgrundlagen an. Näheres zur Nachhaltigkeitsstrategie der Verlagsgruppe Patmos auf unserer Website www.verlagsgruppe-patmos.de/nachhaltig-gut-leben

Übereinstimmend mit der EU-Verordnung zur allgemeinen Produktsicherheit (GPSR) stellen wir sicher, dass unsere Produkte die Sicherheitsstandards erfüllen. Näheres dazu auf unserer Website www.verlagsgruppe-patmos.de/produktsicherheit. Bei Fragen zur Produktsicherheit wenden Sie sich bitte an produktsicherheit@verlagsgruppe-patmos.de

2. Auflage 2026

Verlagsgruppe Patmos in der Schwabenverlag AG
Senefelderstr. 12, 73760 Ostfildern
www.gruenewaldverlag.de

Umschlaggestaltung Finken & Bumiller
Umschlagabbildung: © anton sharov/unsplash
Satz: mittelstadt 21, Vogtsburg-Burkheim
Druck: CPI books GmbH, Leck
Hergestellt in Deutschland
ISBN 978-3-7867-3231-0

Inhalt

Vorwort

Interessieren sich Menschen heute noch für den Tod oder versuchen sie, jeden Gedanken daran wegzuschieben? Während in den früheren Jahrhunderten der Tod allgegenwärtig war, weil die Menschen zu Hause starben und die Toten danach im eigenen Haus aufgebahrt wurden, werde der Tod heute von den meisten Menschen verdrängt, in eigene Einrichtungen abgeschoben und tabuisiert. Man spreche nicht mehr vom Tod – so ein heute in theologischen Kreisen weit verbreitetes Vorurteil. Aber trifft das zu?

Unzählige Bücher, Filme und Serien im Fernsehen und auf Streaming-Plattformen erzählen von Kriminalfällen, von Mord und Totschlag. In kleinen Städten und Orten finden sich Polizistinnen und Polizisten, die Mordfälle aufklären. Zu den Helden gehören heute nicht nur Ermittler beiderlei Geschlechts, sondern in großem Maß auch Ärztinnen und Ärzte, die auf Gerichtsmedizin spezialisiert sind. Die Obduktion menschlicher Leichname, die Spurensuche in Labor und Operationssaal bis hin zu den Feinheiten forensischer Anthropologie rücken dabei in den Mittelpunkt der Aufmerksamkeit. Die wissenschaftliche Beschäftigung mit dem Sterben, den Leichen und Leichenteilen wird ausführlich zum Thema gemacht. Exhumierungen und die Untersuchung lange Verstorbener werden in faszinierenden Darstellungen verarbeitet.

Wer sich mit Computerspielen und Online-Games beschäftigt, erlebt Kampfsituationen aus der Perspektive der ersten Person oder zieht in Gruppen mit anderen gegen virtuelle Gegner, die nur durch Kampf überwunden werden können. In der virtuellen Welt der Medien wird tagaus, tagein gestorben und mit dem Tod umgegangen. Die mediale Beschäftigung mit dem Tod ist also hoch im Kurs.

Hinzu kommt die Gewalt, die sich in aller Welt gegen das Leben der Menschen richtet. Kriege und Bürgerkriege herrschen in vielen Teilen der Welt und werden von unterschiedlichsten Interessen immer wieder befeuert. Bandenkriminalität, die auch vor Mord nicht haltmacht, beherrscht Mittel- und Südamerika, aber auch das östliche Europa, und kommt auch immer wieder in Mitteleuropa an. Bedrückend ist die häusliche Gewalt, die immer wieder mitten in scheinbar friedlichen Regionen sich vor allem gegen Frauen richtet oder sogar in die Auslöschung ganzer Familien mündet. Das Leben der anderen, sogar der Menschen, die einmal geliebt wurden, ist oft weniger wert als die eigenen Interessen.

Die Erfahrung des Todes stellt auch gläubige Menschen auf die Probe. Der Glaube lehrt, dass der Tod noch nicht das Letzte ist. Er ist zwar das Ende des irdischen Lebens, eröffnet damit aber auch den Übergang zur Vollendung. Der christliche Glaube richtet sich auch auf Gott als Vollender der Welt und der Menschen und kann damit Hoffnung im Leben geben. Die Hoffnung ist ein wesentliches Element des Glaubens. Der erste Petrusbrief mahnt: »Seid stets bereit, jedem Rede und Antwort zu stehen, der von euch Rechenschaft fordert über die Hoffnung, die euch erfüllt« (1 Petr 3,15). Die Aufgabe der Theologie ist, Reflexion über die Hoffnung anzustellen und diese Rechenschaft zu geben. Der Bereich der systematischen Theologie, der sich dem Tod und der Vollendung widmet, wird *Eschatologie* [sprich: Es-chatologie] genannt, die Lehre von den *Eschata,* den »letzten Dingen«. Zu denen werden das Ende der Welt und der Geschichte, der Tod als Ende des Lebens gezählt – und was danach erhofft oder erwartet wird: Himmel, Hölle, Fegefeuer, Gericht, die Auferstehung der Toten und das ewige Leben.

Waren diese Themen früher in der Verkündigung breit vertreten, ist es darum still geworden. So kann heute nicht davon ausgegangen werden, alle Christen wüssten mit diesen Begriffen grundsätzlich etwas anzufangen. Doch muss sich andererseits die Theologie mit radikaler atheistischer Kritik auseinandersetzen. Neben den Verteidigern des Glaubens und den Kritikern gibt es noch die große Gruppe derer, die Religion und Glauben als Thema ablehnen oder sich vorgeblich nicht dafür interessieren.

Christliche Verkündigung und theologischer Diskurs sind nur dann überzeugend, wenn sie die Grunderfahrungen der Menschen erreichen, wenn sie sich sensibel an die Orte begeben, wo diese Fragen virulent sind. Das sind jene Orte, an denen der Tod präsent und damit die eigene Endlichkeit spürbar ist. Die Friedhöfe haben die Funktion, die Erinnerung an geliebte Menschen und das Bewusstsein, dass sie auf Erden gelebt haben, aufrechtzuerhalten. Deshalb ist es unerlässlich, gegen die Tendenz zunehmender Anonymisierung von Bestattungen Alternativen anzubieten. Denn der würdige Umgang mit den Toten und der Erinnerung an sie ist ein Gradmesser für die Humanität einer Gesellschaft. Auch neue Formen einer würdigen Bestattung, wie etwa der »Friedwald«, in dem Urnen bei Bäumen bestattet werden, kann so gestaltet sein, dass die Würde der Verstorbenen gewahrt bleibt, wenn der Ort auch eine Erinnerung für die Angehörigen ermöglicht. Denn – so ein Grundprinzip der christlichen Hoffnung – der Tod lässt uns Menschen nicht ins Nichts fallen. Die österliche Grunderfahrung der Auferstehung gibt Hoffnung und Zuversicht, dass das Leben jeder und jedes Einzelnen in Gott geborgen ist und zur Gemeinschaft mit ihm auferweckt wird.

Christliche Verkündigung kann Hoffnung geben, wo der Raum für die Grundfragen offen ist und wo eine Gotteserfahrung möglich ist. Die Hoffnung als eine wesentliche Dimension des Glaubens gibt Zuversicht und verändert dadurch das eigene Leben und das Miteinander.

In acht Kapiteln werden in diesem Buch wesentliche Elemente der christlichen Hoffnungsbotschaft dargestellt. Das ergibt folgenden Fahrplan:

Die Begegnung mit dem Tod führt mir meine eigene Endlichkeit vor Augen. Meine Zeit vergeht, sie ist begrenzt. Was aber ist Zeit? Und wieso verstehen die Menschen die Zeit als ein Geschehen, das Richtung und Qualität hat, als Geschichte? Im christlichen Verständnis steht der ewige Gott der zeitlichen Welt gegenüber. Das erste Kapitel betrachtet also Zeit und Ewigkeit.

Der Tod wird als Ende erlebt und gefürchtet. Aber was bedeutet das Ende? Wenn die Zeit nicht einfach nur vergeht, sondern Richtung und Sinn hat, so kann Ende auch Vollendung meinen, die Fülle des Erreichten. Der Tod betrifft immer mehr als das sterbende Individuum; deshalb wird im zweiten Kapitel nach dem Ende der Welt und nach dem eigenen Tod gefragt.

Der Glaube soll Orientierung, Trost und Hoffnung geben. Deshalb blickt er über das Ende hinaus. Weil wir Menschen aber nicht wissen können, was uns nach dem Tod erwartet, spricht die Bibel davon in Hoffnungsbildern. Wie lassen sich diese Bilder verstehen? Das dritte Kapitel handelt von der christlichen Hoffnung und davon, wie sie sich im Glaubensleben zeigt.

Die Hoffnung richtet sich auf das Gelingen des Lebens in der Vollendung und spricht daher vom Himmel als Bild für das Leben in Fülle, dem das vierte Kapitel gewidmet ist.

Besteht auch die Möglichkeit des Scheiterns? Nicht nur in der christlichen Tradition findet sich das Bild von der Hölle, die im fünften Kapitel dargestellt wird. Doch was hat es damit auf sich? Und wie lässt sich die Rede von der Hölle mit dem Glauben an den guten Gott vereinbaren?

Oft missverstanden wird die kirchliche Lehre vom Fegefeuer. Sehen viele darin vor allem ein überholtes Bild vom strafenden Gott, hat sich dieses Bild aus einem anderen Verständnis heraus entwickelt. Denn Gott will jeden Menschen zum Heil und zur Vollendung führen. So wird die Fegefeuerlehre im sechsten Kapitel als Heilskonzept erklärt.

Danach handelt das siebte Kapitel vom Jüngsten Gericht. Vollendung ist nur möglich, wenn sich Gerechtigkeit durchsetzt. Die Hoffnung richtet sich darauf, dass Jesus Christus als Richter Versöhnung bringt, denn nur dann ist die Vollendung der Menschheit möglich.

Wie nach dem siebten der achte Tag alles neu macht, folgt auf den Tod Jesu am Karfreitag am ersten Tag der Woche, dem Sonntag, die Auferstehung, die allen Gläubigen versprochen ist. Der Hoffnung auf die leibliche Auferstehung ist das letzte Kapitel gewidmet.

Wenn Religion die Aufgabe hat, Orientierung im Leben zu geben, dann bedeutet das, das Ende der Welt und des Lebens als Vollendung zu verstehen. Die Heilige Schrift bietet dazu eine reiche Bildwelt an, die in der christlichen Tradition, in der Literatur und in der Kunst weiter ausgeführt wurden. Diese Bilder gilt es zu verstehen und zu deuten. Wie der Glaube an Gott, den Schöpfer des Himmels und der Erde, das menschliche Leben und die ganze Welt als in Gott gegründet versteht, so sieht der Glaube an Gott, den Vollender von Mensch und Welt, die Geschichte des Menschen und der Gesellschaft ineinander verwoben und die Vollendung der Einzelnen eingebettet in die Vollendung des Ganzen. Die Geschichte geht auf diese Vollendung zu; die Rede von den Letzten Dingen verändert die Sicht auf die Geschichte hier und heute.

Die christliche Eschatologie vereint eine Fülle von Themen, die den Rahmen eines kleinen Buches sprengt. Ja, jede Glaubensfrage trägt eschatologische Aspekte an sich, sodass bei jedem Thema auch die Frage nach der Vollendung mitschwingt. Dieses Buch will eine Einführung und erste Orientierung bieten. Deshalb werden viele Themen angerissen, aber bei weitem nicht ausgeschöpft. Die Auswahl orientiert sich an gängigen Lehrbüchern der letzten Jahre und Jahrzehnte, ist dabei freilich, wie jede Auswahl, immer auch ein Stück weit subjektiv von den eigenen Vorlieben geprägt. Mängel in der Auswahl und Kürzung gehen daher ganz zu Lasten des Autors.

1.
Zeit und Ewigkeit

Augustinus (†430) bringt mit einem seiner berühmtesten Zitate die Fragestellung auf den Punkt: »Was ist also ›Zeit‹? Wenn mich niemand danach fragt, weiß ich es; will ich einem Fragenden es erklären, weiß ich es nicht.«[1] Über die Zeit zu reden bedeutet, das Selbstverständliche ins Wort zu bringen. Darin liegt zugleich die Herausforderung. Zeit wird subjektiv erfahren, als je *meine* Zeit. Doch um sich darüber auszutauschen, ist ein objektiver Begriff notwendig. Naturwissenschaftliche, philosophische und theologische Denkmodelle stehen in Konkurrenz, zumindest in Spannung zueinander. Der Glaube und die Hoffnung richten sich auf Gott, der »der Ewige« genannt wird. Was aber bedeutet Ewigkeit? Während in der objektiven Betrachtung der Zeit einzig die Quantität, das Messen und Zählen von Bedeutung ist, kommt es bei der menschlichen Erfahrung auf die Qualität an, die Zeit als Geschichte verstehen lässt. Wird im Glauben ewiges Leben erhofft, so ist damit nicht eine unendliche Menge an Zeit gemeint, sondern eine neue Qualität, die mit Ewigkeit angesprochen wird.

1. Zeit und Ewigkeit

1.1 Zeit und Geschichte

Für die klassische Physik und Philosophie scheint die Zeit eine selbstverständliche und fixe Größe zu sein. Sie ist eine Messgröße, ähnlich wie die drei Dimensionen des Raumes. Ausgehend von der aristotelischen Vorstellung, dass Zeit immer nur dort sein kann, wo Bewegung und Veränderung ist, wird in der neuzeitlichen Physik die Zeit als das Maß für die Bewegung verstanden. Dabei erscheint die messbare Zeit als absolut. Sie gilt überall gleich. Isaac Newton († 1726/1727) unterscheidet daher die »absolute, wahre und mathematische Zeit«, die »gleichförmig und ohne Beziehung auf irgend einen äußern Gegenstand« verläuft und daher auch »Dauer« genannt wird, einerseits und die »relative, scheinbare und gewöhnliche Zeit« andererseits. Sie »ist ein fühlbares und äußerliches, entweder genaues oder ungleiches, Maß der Dauer«, also die menschliche Wahrnehmung und Einteilung der Zeit in Stunden, Tage, Monate und Jahre.[2] Für Newtons Grundgesetze der Mechanik ist das eine entscheidende Voraussetzung. Damit können Bewegungen berechnet werden. Etwas, das sich bewegt, verändert seinen Ort im Raum durch die Zeit. So ergibt sich die Geschwindigkeit als Ortsveränderung in der Zeit. Auf diese Weise können in komplexeren Systemen verschiedene Geschwindigkeiten addiert werden. Zeit ist eine abstrakte Messgröße, die als vierte Dimension wie die Längendimensionen des Raumes verstanden wird.[3] Immanuel Kant geht von Newtons Überlegungen aus weiter und hält fest, dass Zeit kein empirischer Begriff ist, sondern immer schon (»a priori«) vorausgesetzt wird. Als »notwendige Vorstellung« liegt sie allen Anschauungen zu Grunde. Sie ist also immer schon gegeben und den Beobachtern ganz und gar einsichtig. Sie ist »eine reine Form der sinnlichen Anschauung«. Daher ist sie absolut sowie immer und überall gleich. »Verschiedene Zeiten sind nur Teile eben derselben Zeit.«[4]

Diese Vorstellung gerät mit der Entwicklung der Relativitätstheorie ins Wanken. Sie folgt der Beobachtung, dass es eine absolute Höchstgeschwindigkeit, die Lichtgeschwindigkeit, gibt. Auch wenn sich eine Lichtquelle auf uns zubewegt, wird das Licht dadurch nicht beschleunigt. Im Raum ist keine höhere Geschwindigkeit möglich. Das führt zu neuen, verbesserten Gleichungen für Bewegungen und zur Erkenntnis, dass in einem bewegten System die Zeit im Verhältnis zu einem ruhenden Beobachtersystem anders, nämlich langsamer verläuft. Dieses Postulat der theoretischen Physik ist experimentell bestätigt. Außerdem verändert sich die Zeit unter dem Einfluss von Gravitation. Je mehr Gravitation wirkt, desto »langsamer« vergeht die Zeit. Das gilt schon auf der Erde, doch sind die Unterschiede hier so minimal, dass sie sich nur mit Präzisionsatomuhren messen lassen. Unter dem Einfluss sehr großer Kräfte aber, etwa in der Nähe eines großen Sterns oder eines Schwarzen Lochs, wird die Zeit sehr stark gedehnt. Das lässt sich ebenfalls beobachten. Zeit ist also nicht ein absolutes Maß, sondern jedes Ding hat seine eigene Zeit.

Für die klassische Mechanik und die Relativitätstheorie ist noch nicht ausgemacht, dass Zeit eine Richtung hat. Deren Gesetze lassen sich auch umkehren. Das ändert sich aber, wenn der zweite Hauptsatz der Thermodynamik mitbeachtet wird. Dieser besagt, dass innerhalb eines Systems die Entropie – die Unordnung oder Wärme – immer zunimmt. Zwar kann lokal Ordnung zunehmen, indem neue Strukturen entstehen, doch kann das immer nur mit hohem Energieaufwand geschehen, das heißt, indem insgesamt mehr Energie in Wärme umgewandelt wird, also in die Ordnung investiert wird. Dieser Vorgang ist insgesamt unumkehrbar. Irgendwann einmal wird sämtliche Energie des Universums in einen gleichmäßigen Ruhezustand zerstrahlt sein. Daraus ergibt sich für die Zeit, dass sie auch physikalisch eine Richtung hat. Man spricht vom physikalischen Zeitpfeil.[5]

Daneben kann auch von einem biologischen Zeitpfeil gesprochen werden. Menschliches Leben ist ohne Veränderung schlechterdings unvorstellbar. Das Leben insgesamt zeigt sich als dynamischer Prozess. Zellen entstehen und sterben wieder ab; auch Tiere existieren von Zeugung und Geburt bis zum Tod. Diese Vorgänge sind unumkehrbar. Man kann hier zwischen der »äußeren« und der »inneren« Zeit unterscheiden. Jedes lebendige Individuum hat seine eigene Zeit; ja, die einzelnen Zellen eines Vielzellers befinden sich in verschiedenen Lebensstadien. Ständig sterben Zellen ab und werden neue gebildet. Auch die Evolution kennt Richtungen; neue Arten entstehen, verzweigen sich wieder und sterben aus, aber sie kehren nicht zurück.

a. Schöpfung und die Zeit

Das erste Kapitel des Buches Genesis erzählt von der Schöpfung in sechs Tagen. Das göttliche Schöpfungshandeln zielt dabei auf den siebten Tag, den Tag der Ruhe, den ewigen Sabbat. Nach Alex Stock[6] hängt die ganze Konzeption der sechs Tage am siebten Tag, dem letzten Tag der Woche. So wird die ganze erste Schöpfungserzählung zu einer Begründung der Zeitmessung. Warum gibt Gott seinem Volk einen Sieben-Tage-Rhythmus vor? Dafür gibt es keinerlei astronomische oder natürliche Gründe. Im Gegenteil, Sonne, Mond und Sterne bewegen sich am siebten Tag ungerührt weiter, die Natur kennt keinen Moment der Ruhe. Dass die Menschen nach sechs Tagen der Arbeit einen ganzen Tag ruhen sollen, ist nicht von selbst einsichtig. Umso mehr verwundert, dass Gott den siebten Tag besonders segnet. Gott selbst ruht an diesem Tag, deshalb segnet er ihn (Gen 2,3). Der siebte Tag wird so zum Geschenk Gottes an die Menschen und zugleich zu dem Gebot, das den Glauben des Volkes Israel zusammenhält. Der Sabbat ist der Tag der Ruhe, die Gott dem Volk Israel schenkt, und nicht nur dem Volk, sondern allen Menschen, die mit den Israeliten zusammenleben, ja, auch dem Vieh.

Eine Stelle etwas weiter vorn im Text macht das Verständnis von Zeit deutlich. Dort ist die Rede von der Erschaffung von Himmel und Erde, von Finsternis und Gottes Geist. Nachdem Gott das Licht schuf und zwischen Licht und Finsternis schied, heißt es nach der Einheitsübersetzung: »Es wurde Abend und es wurde Morgen: erster Tag« (Gen 1,5). Genau übersetzt steht hier »ein Tag«. Der erste Tag ist nicht einfach nur einer in einer Reihe gleichartiger, gleich gestalteter Tage. Er ist das Prinzip des Tages überhaupt; damit ist Zeit in Gang gesetzt als von Gott gewollte Zeit, weil es »Abend und Morgen« wird, weil Gott Abend und Morgen werden lässt. Gott schafft das Nacheinander und damit die Zeit.

Israels Geschichtsverständnis ist in Abgrenzung zum Mythos gewachsen. In den agrarischen Kulturen des alten Orients, die vom Wechsel der Jahreszeiten geprägt sind, herrschen Vorstellungen von einer zyklischen Wiederkehr. Der Mythos transzendiert den Zyklus hin zu einem überzeitlichen Geschehen, das sich immer wieder wiederholt, sei es im Kult oder in den Ereignissen der Jahreszeiten. Das Geschehen wird als ständige Wiederholung des Gründungsaktes durch die Götter verstanden. Demgegenüber versteht das Alte Testament Geschichte linear. Sie ist durch die Geschlechterfolgen *(Toledot)* strukturiert. Sie beginnen bei Adam: Adam zeugte Set, Set zeugte Enosch, Enosch zeugte Kenan ... (vgl. Gen 5,1–9). Sie führen das Volk Israel auf Adam und letztlich bis zur Erschaffung des Kosmos zurück. Die Geschichte ist durch Gottes Taten strukturiert. Die Erzählung von der Offenbarung des Gottesnamens am Berg Horeb zeigt Gott als einen, der mit seinem Volk ist. Gott ist nicht der Ferne, der sich nur um sich selbst drehen würde, sondern immer der Gott eines Volkes, der Gott der Menschen, der ihre Sorgen zu seinen Sorgen macht. Er ist »der Gott Abrahams, der Gott Isaaks und der Gott Jakobs« (Ex 3,13), der Gott des

Mose, der die Not seines Volkes gesehen hat und ihm Rettung bringt. Gott führt Israel aus Ägypten und in das Gelobte Land. Das ist die Geschichte Israels, die in der Bibel Israels erzählt wird. Geschichte ist von der Erinnerung an geschehenes Heil bestimmt. Diese Erinnerung, die in der Pascha-Feier jährlich aktiv wiederholt wird, wendet sich in der Notsituation wieder in die Zukunft. Aus der Erfahrung von Zeiten der Gottesbegegnung und der Führung durch ihren Gott gewinnen die Israeliten einen Blick nach vorn, auf die Zukunft, die voll Vertrauen angenommen werden kann, weil sie eine Zukunft mit Gott sein wird, wenn Israel sich auf ihn und seine Gebote einlässt. Zukunft macht nicht Angst, sondern steht für Hoffnung, weil Gott die Vergangenheit, die Gegenwart und die Zukunft umgreift und trägt.

Die Geschichte ist Gottes Geschichte mit seinem Volk, damit aber auch eine Geschichte, die von den Israeliten mitgestaltet werden kann und soll. Gott ruft sein Volk auch dann immer wieder neu zu sich, wenn es sich von den guten Wegen abgewandt hat. Es gibt immer die Möglichkeit des Neuanfangs, wie die Rückkehr aus dem Exil zeigt. Freiheit bedeutet handeln können, dürfen und sollen. Wenn sich der Weg als falsch erwiesen hat, ermöglicht Gott einen Neuanfang. Freiheit heißt dann: neu anfangen können, zu Gott zurückkehren dürfen und den verlorenen Weg wiederfinden. Bei alldem akzeptiert Gott die Freiheit der Menschen, auch wenn sie den falschen Weg gehen, aber er wird sich nicht damit abfinden, dass sie in ihr Unheil laufen. Geschichte wird von den Israeliten als gemeinsamer Weg mit Gott, als Wirken Gottes an und mit seinem Volk erfahren. Gott hat sein Volk schon gerettet – aus diesem Wissen heraus leben die Israeliten in der Hoffnung, dass er sein Volk auch weiterhin führen und in der Not erretten wird. Im Vordergrund dieser Vorstellung steht ein Geschichtsverständnis, das Gottes Heil in dieser Geschichte und durch sie erfährt.

b. Theologie der Geschichte

Das Neue Testament setzt diese Linie fort und denkt sie – ausgehend von der Erfahrung Jesu – weiter. Paulus kann das so zusammenfassen: »Als aber die Zeit erfüllt war, sandte Gott seinen Sohn, geboren von einer Frau und dem Gesetz unterstellt« (Gal 4,4–5). Die Geschichte erreicht ihre Fülle, als Gott selbst sich in der Geschichte engagiert und als Mensch ein Teil der Geschichte wird. Die Menschwerdung Gottes, die Inkarnation, steht in einer Linie mit der alttestamentlichen Heilsgeschichte und übersteigt sie zugleich. Gott selbst geht in die Geschichte, um sein Volk neu zu sammeln und die ganze Welt zu erlösen. Gleichzeitig ist mit dem Bekenntnis zur Inkarnation auch Entscheidendes über den Wert von Welt und Geschichte gesagt. Während im Verständnis des Mythos die Welt als bedeutungslos und Geschichte nicht als eigener Wert gesehen wird, ist durch die Inkarnation die ganze Menschheit mit ihrer Geschichte von Gott angenommen und positiv gewertet. Die Welt ist Ort der Selbstoffenbarung Gottes. Gott ist nahegekommen, um selbst in der Welt zu wirken. Zugleich ist die Menschheit erhoben. Wenn Gott sich die Natur zu eigen nimmt, dann hat die Menschheit von jetzt an eine neue Bedeutung gewonnen. Nach Weihnachten ist die Weltgeschichte eine andere – die Geschichte, die von Gott nicht nur begleitet wird, sondern die Gottes eigene Geschichte geworden ist.

Die ganze Geschichte hat eine neue Qualität bekommen, weil Gott selbst sich in die Geschichte begeben hat in seinem Sohn. In Jesus Christus ist Gott Mensch geworden, hat auf Erden gelebt und ist als Mensch gestorben. Danach können Christen die Geschichte und die Welt nicht mehr so verstehen wie vorher. Das Kommen Christi in die Welt, sein Leben für uns bis zum Tod am Kreuz ist das entscheidende geschichtliche Ereignis, die Wende. Deshalb teilen Christen die Jahreszählung in die Zeit vor Christus und die Zeit nach Christus ein. Ohne ihn, ohne sein irdisches Leben fehlt der Welt noch etwas Entscheidendes.

Das Neue Testament ist von einer Spannung geprägt, die man üblicherweise mit »schon« und »noch nicht« umschreibt. Ist das Reich Gottes schon angebrochen oder noch nicht? Jesus sagt, das Reich Gottes ist nahe (Mk 1,15), ja, es ist schon da. Andererseits warnt der Apostel vor denen, die von der Verzögerung reden (vgl. 2 Petr 3,9). Das Reich Gottes ist in gewisser Weise schon da, aber ganz noch nicht. Diese Beobachtungen wären dann überzogen, wenn man damit einen Bruch im Neuen Testament selbst beschriebe, wonach nur eines oder das andere sein kann. Freilich gibt es zu unterschiedlichen Zeiten in der Urkirche unterschiedliche Erwartungen. Unmittelbar nach der Auferstehung haben manche wohl damit gerechnet, dass Jesus noch zu ihren Lebzeiten wiederkommen würde. Die Wiederkunft Jesu wird Parusie genannt. Die Erfahrung, dass das unmittelbare Kommen ausbleibt – die Theologie spricht von »Parusieverzögerung« –, führte dazu, die Zeit nach der Auferstehung auf neue Weise zu deuten. Die Spannung freilich, dass die Endzeit mit Jesu Kommen schon begonnen hat, das Reich Gottes in dieser Welt schon angebrochen ist, gleichzeitig aber wir alle noch auf die Vollendung zugehen, gehört wesentlich zur christlichen Glaubenserfahrung. Das Besondere christlicher Geschichtsdeutung ist, dass der Höhepunkt in der Mitte der Geschichte liegt. Christus ist schon in die Welt gekommen, um das Reich Gottes zu bringen. Es ist schon angebrochen; jetzt leben wir in der Zeit, die auf das Ende hinführt.

1.2 Die zeitliche Welt und der ewige Gott

Das Vierte Laterankonzil (1215) hat sein Glaubensbekenntnis so begonnen: »Wir glauben fest und bekennen aufrichtig, dass nur einer der wahre, ewige, unermessliche und unveränderliche, unbegreifliche, allmächtige und unaussprechliche Gott ist …«[7] Der Glaube an Gott, wie er aus der christlichen Erfahrung heraus bekannt wird, ist mit Attributen verbunden, die Gott zugeschrieben werden. Er ist ewig und unveränderlich.

1.2 Die zeitliche Welt und der ewige Gott

Die zeitliche Welt und die Menschen stehen dem ewigen Gott gegenüber. Was aber bedeutet die Rede von der Ewigkeit und Unveränderlichkeit Gottes?

a. Ewigkeit und Unveränderlichkeit

Zeitphilosophie oder Zeittheologie öffnen den Horizont für einen weiteren Begriff von Zeit und Ewigkeit. Meine eigene Zeit wird mir offenbar als Zeit meines Lebens: als Vergangenheit, Zeit hinter mir, meine eigene Geschichte; als Zukunft, Zeit, die noch vor mir liegt, auf mich zukommt und von mir gestaltet werden kann; und als Gegenwart, in der ich mir selbst und anderen Menschen gegenwärtig bin. Im Selbstbewusstsein werden Vergangenheit und Zukunft in die Gegenwart hereingeholt, indem ich mir erinnernd Vergangenes vergegenwärtige oder Zukünftiges antizipiere. Mein Selbstbewusstsein transzendiert den Lauf der Zeit und erhebt mich selbst über das Vergehen von Zeit. So lässt sich im Selbstbewusstsein eine Erfahrung von Ewigkeit erahnen. Dabei zeigt sich, dass der Unterschied von Zeit und Ewigkeit weniger in der Quantität als in der Qualität zu suchen ist.[8] Es gehört zum menschlichen Dasein und zur geistigen Verfasstheit, dass Menschen sich überhaupt aus ihrer Zeit erheben und auf etwas über der Zeit beziehen können, oder mit Søren Kierkegaard gesagt: »Der Mensch ist eine Synthese von Unendlichkeit und Endlichkeit, von Zeitlichem und Ewigem, von Freiheit und Notwendigkeit.«[9]

Ewigkeit lässt sich nur in der Gegenwart und von ihr her erreichen. Freilich realisieren sich Zeit und Gegenwart nicht individualistisch, sondern immer nur im Miteinander, im Gegenüber. Menschen sind nicht nur sich selbst, sondern immer einander und miteinander gegenwärtig.

Der Begriff der Unveränderlichkeit weckt verschiedene, nicht ausschließlich positive Assoziationen. Was unveränderlich ist, wird als starr, unflexibel wahrgenommen. Doch was bedeutet Veränderung? Aristoteles unterscheidet drei verschiedene Formen von Veränderung *(metabole):* nämlich Ortsveränderung *(kinesis),* das »Zur-Wirklichkeit-Kommen«, also Entstehen *(genesis)* und Vergehen *(phthora),* und die entwickelnde Veränderung. Diese Formen werden dann nochmals unterschieden. Vor dem Hintergrund einer traditionellen Metaphysik wird deutlich, dass »Veränderung« oder »Prozess«, wie auch übersetzt werden kann, sowohl einen Wechsel in den Akzidentien als auch in der Substanz meinen kann.[10]

In der Heiligen Schrift ist die Veränderlichkeit der Welt von der Unveränderlichkeit Gottes abgehoben. Die veränderliche und vergängliche Welt kann nur sein, weil sie vom unveränderlichen Gott getragen ist. Die Schöpfung ist von Gott ins Werden gesetzt und wird wieder vergehen. »Du aber bleibst, der du bist, und deine Jahre enden nie« (Ps 102,29), so wird im Psalm gebetet. Gott ist der Treue, auf den sein Volk sich verlassen kann. Unveränderlichkeit ist hier nicht abstrakt verstanden, sondern konkret, als Beständigkeit, auf die die Menschen bauen können. Im Jakobusbrief wird das noch verdichtet: »Jede gute Gabe und jedes vollkommene Geschenk kommt von oben herab, vom Vater der Gestirne, bei dem es keine Veränderung oder Verfinsterung gibt« (Jak 1,17).

b. Gott, der Ewige

»Der Ewige« kann im Alten Testament als Gottesname gelten. So heißt es etwa: »Abraham aber pflanzte eine Tamariske in Beerscheba und rief dort den HERRN an unter dem Namen: Gott, der Ewige« (Gen 21,33).[11] Weil Gott als der Ewige über der Zeit steht, können die Israeliten, kann das Volk Gottes sich ihm auch in der Not anvertrauen, wie es im Psalm 90 thematisiert wird. Gott wird die zeitliche Not wenden, weil er die Macht dazu hat: »Beschleunige die Zeit und gedenke des Eides! Sie sollen deine Großtaten erzählen« (Sir 36,10).

Dem Terminus »Ewigkeit« auf Seiten Gottes korrespondiert »Zeitlichkeit« auf Seiten der geschaffenen Welt und der Menschen. In den Psalmen und der Weisheitsliteratur kommt die Begrenztheit der menschlichen Zeit in den Blick. Die Betenden können ihre Hoffnung nur auf Gott setzen, der über seiner und aller Zeit steht, der vom Schwinden der Zeit nicht erfasst ist, aber alle Zeit in sich umgreift (vgl. Ps 90,1–6).

In der Offenbarung des Johannes,[12] der großen Trostschrift am Ende des biblischen Kanons, nennt sich Gott selbst das »Alpha und Omega« (Offb 1,8; 21,6), »Anfang und Ende« (21,6). Gott ist der, »der ist, der war und der kommt« (1,8; vgl. 1,4).

Christus sagt: »Ich bin der Erste und der Letzte und der Lebendige. Ich war tot, doch nun lebe ich in alle Ewigkeit, und ich habe die Schlüssel zum Tod und zur Unterwelt« (1,17–18; vgl. 2,8). Die Auferstehung ist das Zeichen dafür, dass Gott, dass Christus vor und über aller Zeit steht. Diese Vorstellungen wachsen aus der Prophetie des Alten Testamentes heraus, wobei sich typisch christliche Erweiterungen zeigen. Bei Jesaja heißt es: »So spricht der HERR, Israels König, sein Erlöser, der HERR der Heere: Ich bin der Erste, ich bin der Letzte, außer mir gibt es keinen Gott« (Jes 44,6; vgl. 41,4). Es sind Aussagen über Gott selbst, darüber, wie er ist. Nach den Namen folgt die Aussage: »Ich bin der Erste, ich bin der Letzte«, Gott ist vor und nach allem. Dann folgt am Schluss, gewissermaßen als Begründung, der Anspruch auf die Einzigkeit (Jes 44,6; vgl. Dtn 6,5). Diese Aussage war selbst für die hebräischen Theologen schwer zu fassen. Die Übersetzer der Septuaginta, der griechischen Fassung der Bibel Israels, schwächen daher ab: »Ich bin der Erste und ich bin darauf.« Die Apokalypse hingegen sagt klar: »Ich bin der Erste und der Letzte« (Offb 1,17). Die zweite entscheidende Erweiterung betrifft das Subjekt: Hier spricht Christus. Er ist der, der über allen Zeiten steht, vorher und nachher, dem die Macht über die Zeiten gegeben ist, der wie Gott, ja selbst Gott ist.

Die spätere Form bekommt diese Aussage durch die Begegnung des biblischen Christentums mit der griechischen Philosophie. Nach platonischem Verständnis sind die Ideen und die Gottheit unvergänglich. Deshalb erschien dieses Denken den Christen der Antike besonders attraktiv.[13]

Gott bleibt bei seinem Handeln sich selbst treu und lässt sich von nichts und niemandem nötigen. Er erweist sich in der Geschichte Israels und der Kirche als der treue und verlässliche Gott.[14] Dahinter steht die Erfahrung Israels mit seinem Gott, der auch dann zu seinem Volk steht, wenn es sich von ihm immer wieder abwendet: »Ich, der HERR, habe mich nicht geändert, und ihr habt nicht aufgehört, Söhne Jakobs zu sein« (Mal 3,6). Im Horizont der Heilsgeschichte Israels bedeutet die Unveränderlichkeit Gottes seine unverbrüchliche Bundestreue: »Wenn wir untreu sind, bleibt er doch treu, denn er kann sich selbst nicht verleugnen« (2 Tim 2,13; vgl. Ex 3,14).[15] Daraus folgt die Zuversicht, die sich im prophetischen Hoffnungsruf äußert: »Bist du nicht seit Urzeiten, HERR, mein heiliger Gott? Gewiss werden wir nicht sterben! HERR, du hast sie dazu gerufen, an uns das Gericht zu vollziehen: Du, unser Fels, du hast sie dazu bestimmt, uns zu bestrafen« (Hab 1,12).

Der evangelische Theologe Jürgen Moltmann[16] gibt zu bedenken, dass in einem rein philosophischen Gottesbild der unveränderliche Gott sich auch vom Geschick der Armen und Leidenden nicht rühren lassen würde. Das passt aber nicht zu dem Gott, von dem die Bibel erzählt, der ein lebendiger und naher Gott ist. Das lässt sich nach Moltmann nur dann verstehen, wenn Gott immer schon als dreifaltiger Gott gedacht wird, als Vater, Sohn und Heiliger Geist. Wenn von der »Treue Gottes« die Rede ist (Ex 6,6–7; 1 Thess 5,24), passt das nicht zur Vorstellung eines unveränderlichen, ja apathischen Gottes. Dann ist Gott der Fels, auf den sie ihr Vertrauen setzen können. In diesem Sinne kann auch davon geredet werden, dass Gott eine Geschichte hat, nämlich eine Geschichte mit den Menschen. In dieser Geschichte, die auch ein Werden Gottes bedeutet, erweist Gott sich immer wieder als der Treue (vgl. Röm 3,3–4). Unveränderlichkeit Gottes bedeutet also seine Treue zu den Menschen und zur Heilsgeschichte.

c. Gott ist Mensch geworden

Zum Prüfstein der Rede von der Ewigkeit Gottes wird das Geheimnis von Weihnachten: Gott ist Mensch geworden. Wie kann gesagt werden: Gott ist etwas geworden? Hier geht es um Veränderung im Sinn von Werden und Vergehen. Ist das denkbar? Gott als der Ewige und Unveränderliche steht der veränderlichen Welt gegenüber. Wenn Gott aber Mensch wird, begibt er sich in die Welt hinein und unterwirft sich der Veränderlichkeit. Das heißt nicht nur, der Logos sei mit einer veränderlichen Natur verbunden, sondern, wie Karl Rahner schreibt: »Es bleibt doch wahr, dass der Logos Mensch wurde, dass die Werdegeschichte dieser menschlichen Wirklichkeit seine eigene Geschichte, unsere Zeit die Zeit des Ewigen, unser Tod der Tod des unsterblichen Gottes selbst wurde.«[17] Gottes Macht und Souveränität und Gottes Engagement in der Welt müssen so zusammen gedacht werden, dass beides gewahrt bleibt. In der Menschwerdung, das heißt indem Christus in die Geschichte eintritt und selbst ein zeitliches Wesen wird, nimmt sich Gott die Geschichte selbst zu eigen. Das Geheimnis von Weihnachten heißt nicht: Gott hat einen Menschen werden lassen, sondern Gott selbst ist Mensch geworden, hat sich auf das menschliche Werden eingelassen und ist damit in die Geschichte als Geschichte mit den Menschen gegangen. Wenn man die Menschwerdung als Geschichte des Wortes Gottes ernst nimmt, dann folgt daraus: »Gott kann etwas werden, der an sich selbst Unveränderliche kann selber am andern veränderlich sein.«[18]

Das ewige Wort Gottes, der Logos, wird aber nicht von selbst etwas, sondern durch die freie Selbstentäußerung Gottes, die *Kenosis.* Gott entledigt sich seiner Gottheit und steigt um des Menschen willen in die Menschheit herab (vgl. Phil 2,7). Schon in der Erschaffung des Menschen sagt Gott sich als sein eigenes Bild in den Menschen selbst aus. Die Menschwerdung wird dann als der Höchstfall der Selbstaussage Gottes auf den Menschen hin deutlich. Wenn Gott selbst in die Geschichte kommt, selbst am Werden und Vergehen der Menschheit Anteil nimmt, geschieht das aus der freien Zuwendung zur Welt, die Liebe genannt wird.

Noch einmal anders lässt es sich biblisch sagen. Mit rein rationalen Maßstäben, ausschließlich an der Metaphysik gemessen, ist die christliche Gottesrede, ja, das Christentum insgesamt Torheit. Denn die Mitte des Glaubens ist eine Person mit einer Geschichte, ein zeitliches Ereignis, das zu einer bestimmten Zeit in die Welt eingetreten und wieder vergangen, ja, den schändlichen Tod am Kreuz gestorben ist: »Wir dagegen verkünden Christus als den Gekreuzigten: für Juden ein Ärgernis, für Heiden eine Torheit, für die Berufenen aber, Juden wie Griechen, Christus, Gottes Kraft und Gottes Weisheit« (1 Kor 1,23–24). Christlich zu glauben heißt, sich auf das Mysterium Gottes einzulassen. Die Rede vom ewigen und unveränderlichen Gott, der in Christus in die Welt gekommen ist und sich das Leid der Welt in seinem eigenen Leiden zu eigen gemacht hat, ist mit den Mitteln rationaler Theologie allein nicht zu erfassen. Es verlangt den Glauben, als völliges Sich-Einlassen auf das Mysterium Gottes.

Die Erfahrung der Zeit im eigenen Leben trägt etwas Flüchtiges an sich. Die Zeit, meine je eigene Zeit, vergeht. Der Glaube aber orientiert sich an der Begegnung mit dem lebendigen Gott in Jesus Christus. Sein Leben endete nicht mit dem Kreuzestod, sondern wurde durch die Auferstehung verwandelt. Damit gibt er dem Leben und der irdischen Zeit eine neue Bedeutung. Im Glauben kann mitten in Zeit und Geschichte der ewige Gott erfahren werden. Das gibt der Zeit einen Sinn, eine neue Bedeutung; sie geht auf die Vollendung in Gott zu.

2.
Ende und Vollendung

Ende ist etwas anderes als Schluss. Sagt man, etwas sei zu Ende, ist damit der Gedanke verbunden, es sei abgerundet, fertig, vollendet, etwas Ganzes, oder sollte es zumindest sein. Der Schluss bezeichnet den Zeitablauf, ab jetzt ist nichts mehr möglich. Ob viel gelungen oder viel offengeblieben ist, entscheidet darüber, ob ein Lebensabschnitt oder die Zeit einer großen Aufgabe als gut oder mangelhaft empfunden wird. Wo viel begonnen wurde, aber lose Enden zurückbleiben oder wo unser ganzes Leben »Stückwerk« bleibt, wie Paulus es vom Erkennen und prophetischen Reden sagt (1 Kor 13,9), fehlt dem Ende noch etwas Entscheidendes. Die Hoffnung richtet sich nicht darauf, dass einmal Schluss mit allem ist, sondern dass das Ende des menschlichen Lebens auch zu einer Vollendung der menschlichen Existenz führt.

Zwei Aspekte kommen zusammen: mein eigenes Geschick nach dem Tod (individueller Aspekt) und die Zukunft der Weltgeschichte und des ganzen Kosmos (allgemeiner Aspekt). Es ist gut, die beiden Fragen methodisch zu unterscheiden; sie können aber nicht unabhängig voneinander gedacht werden. Der allgemeine Aspekt nimmt die Vollendung der Schöpfung und der ganzen Weltgeschichte in den Blick. Die Betrachtung des individuellen Aspekts, die Vollendung des je eigenen Lebens, kann davon nicht getrennt werden. Mein eigenes Ende kann nur im Kontext der Vollendung des Ganzen richtig verstanden werden, weil ich selbst immer ein Teil dieses Ganzen bin. Über die Zukunft des Kosmos nachzudenken hat nur einen Sinn, wenn meine eigene, individuelle Zukunft als Teil dieser kosmischen Zukunft verstanden wird.

Diese Unterscheidung ist durchaus sinnvoll. Sie wird schon in der traditionellen Theologie unternommen und führt später dazu, dass mit diesen Schwerpunkten zwei eigene Abhandlungen zu finden sind. Das wird aber zum Problem, wenn der innere Zusammenhang dieser beiden Aspekte nicht mehr gesehen wird. Die Vollendung des Ganzen und die Vollendung des einzelnen Individuums sind zwei Aspekte, die logisch zusammengehören.

2.1 *Ende der Welt – Vollendung der Schöpfung*

Wie wird die Welt enden?[19] Ohne Zweifel wird die Zeit im Kosmos einmal enden, so wie sie physikalisch betrachtet einmal begonnen hat. Es gibt dazu eine Reihe von kosmologischen Szenarien, die diskutiert werden. Allen gemeinsam ist, dass die Zeit endet, wenn nichts mehr Zeit hat, wenn also keine Veränderung mehr möglich ist. Im physikalischen Sinn ist die Frage nach einem »Danach« sinnlos. Wenn die Zeit endet, dann ist innerhalb der physikalischen Grundtheorien kein weiteres Vergehen der Zeit denkbar.

Die theoretische Physik schlägt eine Reihe solcher Szenarien vor; welches erwartet wird, hängt von verschiedenen Vorbedingungen ab, unter anderem von der tatsächlichen Größe und Masse des Universums. Entweder geht die jetzt beobachtbare Ausdehnung weiter, bis alles »zerbröselt« oder zerrissen ist, oder es kommt zu einer Umkehrung und das Universum stürzt wieder in sich zusammen. Eine dritte Möglichkeit dazwischen ist, dass die Ausdehnung an einem gewissen Punkt zum Stillstand kommt und das Universum in einem bestimmten Zustand erstarrt. Jedenfalls erleben wir den Kosmos als eine Entwicklung, die noch nicht am Ende angelangt ist, aber einmal dort anlangen wird.

Für Paulus bewegt sich die ganze Welt auf Gott zu, so wie wir Menschen uns im Glauben und Leben auf Gott zubewegen sollen. Seine Theologie vom Leben nach dem Geist Jesu aus der Gnade, die Gott den Menschen ohne ihr eigenes Verdienst schenkt, hat eine kosmologische Perspektive. So wie die Menschen, die sich in dieser Welt nach Erlösung sehnen, wartet die ganze Schöpfung »sehnsüchtig« auf ihre Erlösung, die dadurch geschieht, dass die »Söhne Gottes« offenbar werden. Die Vergänglichkeit ist nicht das letzte Wort, sondern sie zielt auf die Verwandlung durch Gott. »Gewiss, die Schöpfung ist der Nichtigkeit unterworfen, nicht aus eigenem Willen, sondern durch den, der sie unterworfen hat, auf Hoffnung hin.« Die Erlösung, die Gott durch den Geist allen Menschen schenkt, die sich im Glauben Christus zuwenden und zu einem Leben im Geist verwandeln lassen, ist in demselben schöpferischen Geist auch die Erlösung der ganzen Schöpfung. »Denn auch sie, die Schöpfung, soll von der Knechtschaft der Vergänglichkeit befreit werden zur Freiheit und Herrlichkeit der Kinder Gottes.« Daher kann Paulus die Erfahrung, dass die ganze Schöpfung in Veränderung und Wandel begriffen ist, soteriologisch deuten: »Denn wir wissen, dass die gesamte Schöpfung bis zum heutigen Tag seufzt und in Geburtswehen liegt« (Röm 8,19–22).

Die Schöpfung ist von Gott ins Leben gesetzt worden, aber sie ist noch nicht fertig, wie Paulus schreibt. Das leuchtet bei der Schöpfung ein: Alles, was ist, ist immer schon Werden und Vergehen. Das gilt aber auch für die Weltgeschichte. Im christlichen Glauben ist Geschichte immer etwas, was *einen* Anfang hat und *ein* Ende. Die Geschichte der ganzen Welt ist ein von Gott umfasster Zeit-Raum, Gott steht am Anfang und am Ende. Die Geschichte ist damit einmalig, unumkehrbar, und hat ihre eigene und besondere Bedeutung für Gott und die Welt.[20]

Die Geschichte muss freilich von Christus und seinem Kommen in die Welt her verstanden werden. Ohne ihn, ohne sein irdisches Leben würde der Welt noch etwas Entscheidendes fehlen. Gleichzeitig hat mit seinem Kommen in die Welt die Vollendung zwar begonnen, ist aber noch nicht endgültig geschehen. Das Fertigwerden steht noch aus; im Glauben erwarten wir es für die Parusie, die Wiederkunft Christi. Wir wissen zwar nicht, wie diese Wiederkunft geschehen wird; dass sie aber kommt, gehört zum zentralen Glaubensgut der Christen. Eine Parallele dazu findet sich im jüdischen Glaubensgut in der Erwartung, dass der Messias kommen und das Volk Israel in sein Reich führen wird.

Wie das aber im Einzelnen geschehen wird, davon können wir nichts wissen. Nach der Apostelgeschichte sagt Jesus zu den Jüngern: »Euch steht es nicht zu, Zeiten und Fristen zu erfahren, die der Vater in seiner Macht festgesetzt hat« (Apg 1,7). Die Parusie ist also etwas völlig Neues, Unerwartetes, das sich nur in Bildern fassen lässt, weil es menschliches Wissen und Können übersteigt. Und doch sagt der Glaube, dass es unser Hoffen und Sehnen auf unbeschreibliche Weise erfüllt. Die Wiederkunft Christi ist nur eines mit Sicherheit: völlig anders, als wir sie erwarten.

2.2 *Der Tod*

Von der Frage nach dem Ende der ganzen Welt und der ganzen Geschichte nicht zu trennen ist die Frage nach meinem eigenen Ende, dem Tod und dem Schicksal nach dem Tod. So wie vom einzelnen Menschen nicht die Rede sein kann, ohne ihn in den großen Zusammenhängen seiner Umwelt, seiner Mitmenschen und seiner Geschichte zu sehen, so kann man auch nach dem Ende der Welt nur sinnvoll fragen, wenn damit auch der eigene, einzelne, je meine Tod in den Blick kommt. Aber wie ist der Tod zu verstehen? Wie gehen Menschen mit dem Tod und mit den Toten um? Und wie geht der Glaube mit dem Tod um?

2. Ende und Vollendung

a. Der Tod als Zeichen der Menschlichkeit

Der Frage nach dem Tod kann sich kein Mensch entziehen, sie ist eine menschliche Grundfrage. Daher spielt der Tod in allen Religionen eine wesentliche Rolle. Der Friedhof erweist sich als ein Ort religiöser Erfahrung schlechthin. Die Begegnung mit der Endlichkeit des Lebens anderer Menschen konfrontiert mich unausweichlich mit der Frage nach meiner eigenen Endlichkeit. Der Tod anderer Menschen lässt auch nach dem eigenen Tod fragen. Umgekehrt ist der Umgang mit dem Tod und mit den Toten immer auch eine Anfrage an die Humanität der Lebenden. Die Gesellschaft kann daran gemessen werden, wie sie die Frage nach dem Tod thematisiert und mit den Toten umgeht. Religion bildet sich in Auseinandersetzung mit dem Tod heraus. Das zeigt sich schon an den frühesten archäologischen Funden. Erst wenn Tote nicht einfach liegen bleiben, sondern bestattet werden, spricht man in der Anthropologie von Menschen.

In der Rede vom Tod spielen medizinische, philosophische, ethische und theologische Aspekte eine Rolle. Der Tod ist vom Sterben als Vorgang, der zum Tod führt, zu unterscheiden. Das Sterben ist ein Prozess, der Tod ein Ereignis, das in einen Zustand mündet, ins Totsein. Das Sterben ist eine Erfahrung, die sich noch teilen lässt, das Totsein hingegen nicht. Wer stirbt, übertritt eine Grenze, hinter der es kein Zurück gibt.

In der praktisch-ethischen Debatte spielen Kriterien eine Rolle, nach denen festgestellt werden kann, ob ein Mensch schon tot ist oder nicht. Solche funktionalen Kriterien sind etwa der Hirntod, der entweder als völlige Zerstörung des gesamten Hirns oder als Zerstörung des Neokortex gedeutet wird. Auch ein irreversibler Kreislauf- und Atemstillstand wird als Kriterium gewertet. Diese Bestimmungen haben auch ganz praktische Bedeutung, wenn es etwa um die Frage einer Organentnahme geht. Der Hirntod ist ein Kriterium, aber keine hinreichende philosophische Bestimmung der Natur des Todes, die den personalen Tod mit einbezieht. Der Tod entzieht sich der Erfahrung der Lebenden und damit der Definition. Für die Fragen, auf die es hier ankommt, wird eine umfassende Bestimmung gebraucht, die gerade die personalen Dimensionen umfasst.[21]

Die Begrenztheit des eigenen Lebens erscheint in einer wissenschaftlich durchdachten, technisch geprägten Welt als Übel, als ein Problem, das es zu lösen gilt. Die Medizin setzt alles daran, das menschliche Leben zu verlängern. Das Leben ist kurz, so ist der Tenor, ja, es ist *zu* kurz. Schon der römische Dichter und Philosoph Seneca († 65) schreibt in seinem Werk *De brevitate vitae* (Von der Kürze des Lebens) über die Klage der meisten Menschen, dass ihre Lebenszeit so kurz ist, »dass so schnell und stürmisch die uns gegebene Lebensfrist abläuft«.[22] Beim Orakel vom Delphi steht am Eingang der Spruch: »Erkenne dich selbst« *(gnoti seauton)*, damit die Eintretenden sich daran erinnern, dass sie sterbliche Menschen und keine Götter sind. Für Martin Heidegger († 1976) ist der Mensch das Wesen der Kontingenz. Das heißt, das menschliche Dasein ist »Sein zum Tode«.[23] Das menschliche Dasein besteht immer im Vorgriff auf das Ganze, das erst im Tod erreicht wird. Das Ganze ist irdisch daher immer nur Vorgriff, im »Sichvorweg« vorhanden; erst im Tod wird es erreicht.

Wenn in der Bibel und in der Theologie die Rede vom Tod ist, so wird die Endlichkeit des menschlichen Lebens als wesentliches Kennzeichen des Geschöpfes angesehen. »Wie Gras sind die Tage des Menschen, er blüht wie die Blume des Feldes. Fährt der Wind darüber, ist sie dahin« (Ps 103,15–16). Immer wieder erinnert die Heilige Schrift daran, dass der Mensch nur deshalb auf Erden lebt, weil Gott ihm einen begrenzten Platz und eine Zeit zugewiesen hat. Am berühmtesten ist sicher Psalm 90, ein Klage- und Bittgebet angesichts der Vergänglichkeit des Lebens. Dort heißt es: »Unsere Tage zu zählen, lehre uns! Dann gewinnen wir ein weises Herz« (Ps 90,12). Der vierte Teil des Buchs der Psalmen, in dem sich dieser Text findet, thematisiert die universale Herrschaft Gottes. Gott steht vor aller Zeit. Das zu erkennen geht einher mit der Erkenntnis der eigenen Endlichkeit. Sie anzuerkennen bedeutet Weisheit. Die eigene Vergänglichkeit zu erkennen, führt dort nicht zur Verzweiflung, sondern zum Preis der Größe Gottes. So kann Psalm 39 beten: »HERR, lass mich erkennen mein Ende und die Zahl meiner Tage! Ich will erkennen, wie vergänglich ich bin!« (Ps 39,5).

Wo ist der Tod heute? Der Tod ist zwar in den Medien, in Nachrichten oder Krimis, präsent, wird aus dem eigenen Leben aber abgeschoben, verdrängt. Die meisten Menschen wollen zu Hause sterben, aber sie sterben für gewöhnlich im Krankenhaus, an dem Ort, der eigentlich für den Kampf gegen den Tod steht, ein Kampf, der dort scheinbar tagtäglich verloren wird. So ist der Ort des Todes nicht der, der mit dem Tod ausgesöhnt wirkt, sondern einer, der den Tod immer unter dem Verdikt des Verlustes sieht. Allzu oft wird der Tod selbst gerade hier totgeschwiegen.

Ohne Zweifel gehört der Tod zu den menschlichen Grunddaten. Aber gehört ein Bewusstsein über den Tod auch zu einem guten Leben? Oder anders gefragt: Lebt es sich nicht besser, wenn wir nicht an den Tod denken? Sollte ein gelungenes Leben sich nicht eher ums Leben kümmern als um den Tod? Das spiegelt eine heute weitverbreitete Haltung wider. Die Kunst des Lebens besteht demnach darin, allem, was das Leben gefährdet, und da gehört der Tod unzweifelhaft an oberster Stelle dazu, auszuweichen.

Das menschliche Selbstbewusstsein geht und ging in allen Kulturen ineins mit einem Bewusstsein der Unausweichlichkeit des eigenen Todes. Der Tod ist sicher, doch die Stunde ist unsicher: *mors certa, hora incerta.* So findet es sich auf vielen Gebäuden, Uhren oder Bildern. Manche Menschen tragen heute T-Shirts mit dieser Aufschrift oder lassen sie auf ihren Körper tätowieren. Und doch versuchen die meisten Menschen, die Auseinandersetzung mit dem Tod wegzuschieben. Der französische Philosoph Bernard N. Schumacher spricht davon, dass der Mensch paradox ist; er weiß vom Tod und der Unausweichlichkeit, möchte aber zugleich in der »Geborgenheit des Augenblicks« bleiben.[24]

b. Der Tod aus der Sicht des Glaubens

Spezifisch christlich ist diese Erfahrung, wenn der Tod als Ende der »irdischen Pilgerschaft« verstanden wird. Auf Erden hat jeder Mensch die Aufgabe, sich in seinem Leben zu bewähren und es so zu leben, dass es für sie oder ihn selbst und für andere zum Segen werden kann, zum Leben in Fülle, das Gott für alle will. Der Tod beendet diesen Weg, und die Entscheidung über die Richtung des Lebens ist damit gefallen. Nach christlichem Verständnis steht im Augenblick des Todes fest, welche Grundentscheidung der Mensch getroffen hat. Das menschliche Leben hat eine einmalige Bedeutung, die zur Zeit des Todes feststeht. Während heute viele Menschen angeben, sich einen schnellen, ja, plötzlichen Tod zu wünschen, galt das für frühere Generationen als Unglück. Ihnen war ein bewusster Tod, ein wohlvorbereiteter Hinübergang wichtig. Karl Rahner betont den Tod als personale Tat des Menschen, als Handlung aus Freiheit.[25] Nein, niemand soll sich den Tod selbst zufügen. Aber der Tod ist ein Geschehen, das den Menschen mit all seinen Dimensionen angeht. Im Tod ist der Mensch unvertretbar und ganz auf sich selbst gestellt. So ist der Tod ganz und gar menschlich.

Im christlichen Verständnis wurde der Tod mit der Sünde in Verbindung gebracht. Paulus schreibt: »Deshalb: Wie durch einen einzigen Menschen die Sünde in die Welt kam und durch die Sünde der Tod und auf diese Weise der Tod zu allen Menschen gelangte, weil alle sündigten« (Röm 5,12), so gibt es einen Zusammenhang zwischen Tod und Sünde. Kirchenväter und mittelalterliche Theologen diskutierten, ob Adam und Eva gestorben wären, wenn sie nicht gesündigt hätten. Die Antwort ist ja, denn sonst wären sie den Weg der irdischen Pilgerschaft nicht zu Ende gegangen; aber sie wären in harmonischer Weise zu Gott gelangt. Gemeint ist also, dass durch die Sünde der Tod nicht einfach nur der Übergang in einen anderen Zustand, in die Seligkeit ist, der harmonisch das Ende des irdischen Lebens markiert. Vielmehr ist der Tod ein schreckliches Ereignis, das über das Leben hereinbricht, den Menschen bisweilen mitten aus dem Leben reißt und das Leben als Stückwerk zurücklässt. Dass Tod und Sünde zusammenhängen zeigt sich auch darin, dass es den Menschen schwerfällt, den Tod als »Bruder Tod« zu verstehen, so wie Franziskus in seinem »Sonnengesang« singt.

Christlich wird der eigene Tod in Zusammenhang mit Tod und Auferstehung Jesu Christi verstanden. Erst von Jesus Christus her gewinnt die menschliche Existenz einen Sinn. Christsein bedeutet, das eigene Leben an ihm auszurichten, ihm nachzufolgen, sich im Leben ihm anzunähern. Er ist für den Glauben der Maßstab gelungenen Menschseins. Das Gleiche gilt für den Tod. Mit derselben Haltung, mit der er in den Tod gegangen ist, sollen auch Christinnen und Christen ihren eigenen Tod annehmen. Dann verliert der Tod etwas von seinem Schrecken, weil zum Glauben auch die Hoffnung auf die verheißene Auferstehung gehört, die uns bevorsteht.

2.3 Glaubenskritik und Holzwege

Innerhalb der christlichen Kirchen herrscht vielfach Bedauern darüber, dass der christliche Glaube heute nicht mehr gut verstanden werde, ja, nur wenig bekannt sei. Der christlich-jüdische Glaube erscheint dabei als so etwas wie ein gemeinsamer Boden, auf dem das Selbstverständnis aller Menschen in unseren Breiten stehe, oder zumindest stehen sollte. Faktisch aber kann das Christentum keinen Anspruch auf eine solche Position erheben. Es muss vielmehr damit zurechtkommen, dass Glaube und Lehre nur so gut sind, wie sie überzeugend verkündet werden. Das heißt, die auf den Glauben gegründete Hoffnung muss sich bewähren auf einem Markt, auf dem verschiedene Anbieter aktiv sind. So lohnt es sich, auch bei den anderen »Marktständen« nachzusehen, was denn dort angeboten wird. Manches davon ist mit der christlichen Glaubenstradition vereinbar, anderes nur schwerlich. Es braucht daher einen genauen Blick.

a. Tod und Sterben ohne Gott

Dass Religion im öffentlichen Diskurs präsent ist, verbindet sich auch mit Kritik an der Religion, an den Religionsgemeinschaften und Kirchen und am Glauben. Ja, Religionskritik und Atheismus wenden sich auch gegen die Gottesidee an sich. Der Philosoph Franz Josef Wetz legt in seinem Buch »Tot ohne Gott. Eine neue Kultur des Abschieds« einen Entwurf vor, wie man mit dem Tod in einem radikal materialistischen Vorverständnis umgehen kann.[26] Wetz möchte radikal atheistisch aufklären und trösten. Dabei setzt er sich unter anderem kritisch mit Hoffnungsmodellen aus den Religionen auseinander. Das Leben ist in höchstem Maß unwahrscheinlich, der Tod für Wetz ausschließlich ein natürliches Geschehen. Das Sterben ist ein längerer Prozess; der Tod tritt ein, wenn »der Organismus in seiner funktionellen Ganzheit abstirbt«.[27] Da das Leben für ihn nichts anderes als ein biologischer Vorgang ist, die Lebensfunktion eines lebenden Körpers, sei die Rede von der menschlichen Seele irreführend. »Die Wahrheit des Verstorbenen ist dessen spurloses Verschwinden.«[28] Erst recht unangemessen scheint ihm die Rede von einer »unsterblichen Seele«, für die es keinerlei ernstzunehmenden Beweis gebe. In die jüdische Religion und damit auch in die christliche dringt die Vorstellung einer unsterblichen Seele erst durch die griechische Philosophie ein. Die im Christentum verbreitete Vorstellung einer leiblichen Auferstehung ist demgegenüber gewissermaßen eine »doppelte Absicherung«, um Hoffnung und Vertrauen auf ein Weiterleben nach dem Tod zu geben. Wetz: »Die Hoffnung auf ein ewiges Leben ist vorrangig existentiell begründet. Sie versucht, dem Tod die Maske des Erträglichen aufzusetzen.«[29]

Viele Texte aus der Philosophie, der Literatur, ja, auch der Bibel und der theologischen Tradition werden untersucht und dabei jene Passagen hervorgehoben, die den Tod als radikalen Ausdruck der Endlichkeit darstellen. Jede Sicht, die einen Ausweg daraus zu bieten scheint, gilt dem Autor als Versuch, zu trösten, der aber im Letzten illusorisch bleibt und nur scheitern kann. Denn allen Individuen ist der Tod gewiss als ein biologisches Geschehen. »Bei all dem verhält sich die Natur überaus gleichgültig gegenüber der Vernichtung aller Individuen.«[30] Ja, der individuelle Tod, der Menschen und Tiere gleichermaßen trifft, ist nur ein Aspekt der Vernichtung, die allem Lebendigen, dem Planeten und dem Kosmos bevorsteht. Zu erwarten sind nur die Vernichtung und das radikale Nichts. »Nichts entgeht der rohen Anarchie der Zerstörung.«[31]

Viele Menschen klammern sich daran, dass ihre Lieben, aber auch sie selbst nach dem Tod in der Erinnerung lebendig bleiben. Doch auch die Erinnerung wird der Vernichtung nicht entgehen.

Wetz zeigt in seinem Buch zweifellos Schwächen in Theologie und Verkündigung auf und macht deren Grenzen deutlich, wenn die christliche Hoffnung thematisiert wird. Doch vermag er mit seinen Antworten nicht zu überzeugen. Wie in jedem radikal materialistischen Ansatz muss zuerst die Voraussetzung, dass allein das Materielle, Zähl- und Messbare Geltung beansprucht, akzeptiert werden. Deutlich zeigt sich das in der Polemik gegen die Vorstellung von der Seele. Sie kann schon vom Ansatz her nicht materiell sein; daher kann keine noch so differenzierte Darstellung Erklärungswert beanspruchen. Was aber, wenn die sichtbare, physikalisch beschriebene Wirklichkeit doch nicht das Ganze zu erklären vermag? Erst dann hat die Rede von der Hoffnung auf ein Leben nach dem Tod – ja, überhaupt auch die Frage danach – einen Sinn.

Sicher antworten die Hoffnungskonzepte wie der Auferstehungsglaube auf die Sehnsucht der Menschen nach ewigem Leben. Dabei können sie nicht alles erklären und sind immer nur im Kontext des persönlichen Glaubens auch überzeugend. Aber ist das schon Einwand genug, um sie für »widersinnige Geschichten«, eine »völlig abstruse Vorstellung« oder »Selbstbetrug« zu halten? Die Vermischung verschiedener Ebenen, die unterschiedslose Betrachtung theologischer Texte und eher randseitiger Vorstellungen führt dazu, dass Gläubige, die ihren eigenen Glauben rational verantworten wollen und sich daher mit der theologischen Reflexion ehrlich auseinandersetzen, sich mit vielen der von Wetz vorgetragenen Vorstellungen nicht identifizieren können. Daher mutet auch die aggressive Ablehnung aller mit dem Glauben verbundenen Vorstellungen überzogen an. Für eine sachliche Auseinandersetzung, die auch der Theologie und dem Glauben nützt, ist diese Methodik nicht hilfreich.

Doch das sollte für die Theologie eigentlich der Nutzen der Auseinandersetzung mit religionskritischen Entwürfen sein. Sie sind eine Problemanzeige, machen Mängel in der theologischen Argumentation deutlich und fordern eine vertiefte Anstrengung. Die Aufgabe christlicher Theologie in diesem Zusammenhang ist, die christliche Hoffnung so zu verstehen und zu reflektieren, dass sie rational veantwortbar ist. Das bedeutet nicht, anschließend alles zu wissen. Denn Glaube und Hoffnung gehen an die Grenzen des Wissbaren, sie rühren an das Mysterium des Daseins. Diese Beschäftigung konfrontiert die Menschen mit ihrer eigenen Existenz, erweitert ihren Horizont und vermag so das Vertrauen in das eigene Dasein zu stärken.

b. Der Tod als Raub des Lebens

Einige Zugänge scheinen auf den ersten Blick attraktiv, erweisen sich in der Folge aber als Holzwege, wenn sie genauer analysiert werden. Weit verbreitet ist ein Missverständnis, das mit dem heutigen Menschenbild zusammenhängt. Das menschliche Leben besteht demnach nur aus dem, was man davon erkennen und durchschauen kann, und es muss daran gemessen werden, wie sehr es den Einzelnen gelingt, sich in den vorhandenen Möglichkeiten zu behaupten. Wer mit seiner Vernunft die Welt um sich herum beherrscht, der hat sich bewährt, der wird im Wettlauf des Lebens zu den Siegern gehören und hat dann ein geglücktes Leben gelebt. Wo dieses Leben nicht gelingt, ist der Tod ein Raub, der dem Menschen seine eigentlichen Rechte nimmt.

Ein anschauliches Beispiel dafür, wie man den Tod rationalistisch verkürzt verstehen kann, gibt der amerikanische Philosoph Thomas Nagel.[32] Er möchte den Tod daraufhin untersuchen, ob er für den Menschen ein Übel ist. Dazu bedient er sich all dessen, was er empirisch über den Tod herausfinden kann. Wesentlich am Tod ist für den Menschen nicht das Totsein, der Zustand, denn dieser ist eigentlich nicht existent. Das erinnert stark an die Position Epikurs, die er selbst so umreißt:

»Das schauerlichste Übel also, der Tod, geht uns nichts an; denn solange wir existieren, ist der Tod nicht da, und wenn er da ist, existieren wir nicht mehr.«[33] Der Wert des Todes kann also nur daran gemessen werden, welche Möglichkeiten dem Menschen dadurch genommen werden, dass er nicht mehr weiterlebt. Was hätte ihm das Leben noch gebracht und wohin hätte es ihn noch geführt?

Das Konzept ist nur auf den Einzelnen und seine Vorstellung davon, was Glück bedeutet, ausgerichtet. Ein gelungenes Leben im Kontext des Ganzen oder einen guten Platz in der Welt und der Gesellschaft zu finden steht nicht im Vordergrund, sondern einzig die Frage nach dem eigenen Glück. Die Zeit des Lebens bleibt dem Menschen, um nach seinem Glück zu suchen. »Doch die Zeit nach unserem Tod ist die Zeit, die uns der Tod *raubt*.«[34] Angesichts der Möglichkeiten, die dem Menschen versagt bleiben, weil er einfach keine Zeit mehr hat, sie wahrzunehmen, kann der Tod nur als Übel erscheinen, weil er dem Menschen etwas nimmt, was ihm (vermeintlich) zusteht. So argumentiert Nagel; er räumt allerdings ein, dass ihm diese Sicht irgendwie zu kurz erscheint.[35] In Anbetracht des ewigen Nichts könnte es sein, dass es nicht ausschließlich um versäumte Möglichkeiten gehen kann.

Und diese Sicht des Lebens ist verkürzt. Misst man das Gute immer nur an den Möglichkeiten, die sich vielleicht unter irgendwelchen Umständen ergeben könnten, so kann die Bilanz immer nur schlecht ausfallen. Das ist auch der tiefere Sinn des Sprichworts: »Das Bessere ist der Feind des Guten.« Es lässt sich für alles irgendetwas Besseres angeben. Damit ist aber noch nicht gesagt, dass dieses Bessere für mein Leben gut oder wirklich nötig ist. Vom christlichen Glauben her verstanden ist der Mensch deshalb gut, weil Gott ihn als Partner erwählt hat, ihn zum »Bild Gottes« gemacht hat und seine Freiheit ernst nimmt. In dieser Freiheit müssen sich alle bewähren. Es kommt auf die Freiheit und die Begegnung mit Gott an. Wird das ernst genommen, dann ist das Erreichte bedeutend und sind die Möglichkeiten Ansporn. Nur, wer nicht mehr sehen kann als sein irdisches Leben, muss dann feststellen, »dass uns das Leben immer schon vertraut macht mit all dem Guten, das der Tod uns dann raubt«.[36]

c. Wiedergeburt und Reinkarnation

Populär und publizistisch weitverbreitet ist heute die Idee der Wiedergeburt, wobei die Vorstellungen von Reinkarnation und Seelenwanderung weit auseinandergehen. Vor allem eine sorgsame Unterscheidung der westlichen Vorstellungen von den Konzepten, die in den asiatischen Religionen beheimatet sind, ist hilfreich.

Die westlichen Vorstellungen setzen dort an, wo auch die rationalistische Todesvorstellung ihren entscheidenden Punkt hat. Es ist dem Menschen unmöglich, alle Möglichkeiten wahrzunehmen, die ihm das Leben bietet. Als Lösung dafür wird dem Menschen eine zweite Chance zugesprochen, bisher Versäumtes doch noch wahrzunehmen und noch mehrere Versuche zur Verbesserung zu haben. Die Wiedergeburt ermögliche dem Menschen, immer weiter dem erfolgreichen Menschsein entgegenzustreben. Einer der Autoren der esoterischen New-Age-Strömung, Thorwald Dethlefsen († 2010), vertritt eine Wiedergeburtslehre. Er versteht das Leben als Weg des Lernens der Seele von einer Inkarnation zur nächsten: »Ein solcher Lernprozess, dessen Ziel die Vollkommenheit ist, ist ein langer Weg und bedarf vieler kleiner Schritte, umfasst viele Irrtümer und auch viele Korrekturen. Die uns Menschen fast endlos erscheinende Kette der Inkarnationen allein garantiert einen letztendlichen Erfolg.«[37] Die westliche Wiedergeburtslehre versteht sich so als Heilsbotschaft für den Einzelnen. In immer wieder neuen Anläufen komme jeder Mensch dem Erfolg immer näher; damit verbessere sich sein je eigenes Schicksal. Durch die Einzelnen verbessere sich auch die Welt und die Menschheit insgesamt immer mehr.

Die östlichen Reinkarnationslehren der asiatischen Religionen haben einen anderen Ausgangspunkt. Sie sind unterschiedlich ausgeformt. So bedeutet etwa für den Buddhismus alles Leben zugleich Leiden. Allen östlichen Religionen gemeinsam ist, dass das irdische Leben in der Individualität als ein in sich unheilvoller Zustand verstanden wird, dessen Ende möglichst bald ersehnt wird. Wenn das nicht gelingt, muss das Individuum wieder in den Kreislauf zurück. Wenn es gelingt, dem unheilvollen und leidlichen Kreislauf der unzähligen Wiedergeburten zu entkommen, winkt als Lohn nicht die Bestärkung in der eigenen Individualität, sondern der Einzelne findet sein Heil darin, im Ganzen, etwa im Nirwana, aufzugehen.

Dem Christentum ist jede Art einer Wiedergeburtsvorstellung fremd. Diese Vorstellung steht tatsächlich zur christlichen Lehre gleich mehrfach in krassem Widerspruch. Erstens geht sie davon aus, dass im Menschen irgendetwas vorhanden ist, das die immer wieder neuen Geburten überdauert, etwa ein göttlicher Funke, der nach dem Sterben fortbesteht und durch die Wiedergeburten ausreift. Der Gedanke der Schöpfung steht einer solchen Vorstellung entgegen. Jede Frau, jeder Mann ist ganz und gar geschaffen, leiblich und seelisch; der äußere Mensch und sein Innerstes, die ganze Person ist ein Geschöpf Gottes. Zweitens gehört zum christlichen Glauben das Bekenntnis zur Auferstehung des Leibes. Dem widerspricht aber der Gedanke einer wandernden Seele, die sich immer wieder einen neuen Leib sucht, mit dem sie wiedergeboren werden kann. Schließlich wird die Vollendung nach christlichem Verständnis nicht durch Weiterentwicklung erreicht. Kein Fortschritt, den der Mensch selbst erreicht, kann von sich aus die Sünde überwinden. Das Ziel des Menschen, die Vollendung durch die Versöhnung mit dem Ganzen, kann nur durch die Vergebung von Gott her erreicht werden.

Schon in der Antike und bis heute findet sich die Ansicht, auch christliche Autoren hätten eine Wiedergeburtslehre vertreten. Insbesondere dem alexandrinischen Theologen Origenes († um 254) wurde sie immer wieder unterstellt. Im Zuge theologischer Auseinandersetzungen in der Antike bestand das Interesse, ihn als Häretiker abzustempeln; daher wurde sein Schema als Weltkreislauflehre gedeutet. Nach heutigem Wissen[38] kann aber festgehalten werden, dass Origenes keine Wiedergeburt gelehrt hat und auch sonst kein namhafter Theologe. Wenn in der christlichen Theologie von Wiedergeburt die Rede ist, dann ist damit für gewöhnlich die Taufe gemeint, die aber eine einmalige Erneuerung des Lebens von Christus her bedeutet und nicht wiederholbar ist. Zum christlichen Glauben gehört wesentlich das Wissen, dass der Mensch nur einmal lebt und dass daher alles, was in diesem Leben geschieht, für sein Schicksal endgültige Bedeutung hat.[39]

2.4 Kunst des Sterbens und Riten zu Tod und Begräbnis

Die christliche Sicht auf Sterben und Tod spiegelt sich im Umgang mit den Sterbenden und mit dem eigenen Tod. In der christlichen Tradition hat sich als Vorbereitung auf den eigenen Tod eine Kunst des Sterbens entwickelt, die auch in Literatur und Kunst gepflegt wird. Schon sehr alt sind Riten zur Begleitung der Sterbenden und zum Umgang mit den Toten, die freilich im Christentum ihre besondere Ausprägung erhalten haben. Dies alles macht deutlich, wie der eigene Tod christlich verstanden werden kann.

2. Ende und Vollendung

a. Kunst des Sterbens

Der Tod war und ist ein unausweichliches Moment im Leben. Viele, die sich damit beschäftigt haben, sind auf die Suche nach dem guten Tod gegangen, nach dem Tod, den er oder sie annehmen kann. Diese Bewegung wird *Ars moriendi,* Kunst des Sterbens, genannt.[40] Dazu gehört die Vorbereitung auf den Tod, die im Leben beginnt, indem ich mir bewusst mache, dass mein ganzes Leben vom Tod gezeichnet ist. Ausdruck davon ist ein Gebet, das wahrscheinlich auf Notker Balbulus († 912) zurückgeht und von Martin Luther († 1546) in seine heute bekannte deutsche Form gebracht wurde:

Media vita
in morte sumus:
quem quaerimus adiutorem,
nisi te, Domine,
qui pro peccatis nostris
iuste irasceris.

Mitten wir im Leben sind
mit dem Tod umfangen.
Wer ist, der uns Hilfe bringt,
dass wir Gnad' erlangen?
Das bist du, Herr, alleine.
Uns reuet unsere Missetat,
die dich, Herr, erzürnet hat.

Sancte Deus, Sancte fortis,
Sancte misericors Salvator,
amarae morti
ne tradas nos.

Heiliger Herre Gott, heiliger
starker Gott,
heiliger barmherziger Heiland,
du ewiger Gott,
lass uns nicht versinken
in des bittern Todes Not.
Kyrieleison

Der Tod wird zur Deutung für das Leben. Mitten im Leben sich den Tod vor Augen zu halten, das steht für ein Leben in rechter Gesinnung und Buße. So sind es insbesondere die Mönche – hier wieder die Kartäuser, aber auch die Bettelmönche mit Franz von Assisi († 1226) – und dann ab dem Spätmittelalter die Bruderschaften, fromme Vereinigungen von gläubigen Frauen und Männern, die sich den Tod bewusst vor Augen halten. Symbole des Todes, der Totenschädel oder die Sanduhr, finden sich überall in den Klöstern, aber auch sonst im öffentlichen Raum. In der Malerei sind es die »Vanitas«-Darstellungen, die auf die Endlichkeit des Lebens hinweisen.

Für den Zugang auf den Tod findet sich eine Fülle von geistlichen Übungen und Riten, bekannt etwa von Anselm von Canterbury († 1109) oder Heinrich Seuse († 1366), die den Menschen auf sein eigenes Sterben vorbereiten und ihm im entscheidenden Moment die richtigen Fragen bewusst machen sollen, denn es ist die Gnade Gottes, der sie im Tod begegnen. Christus empfängt sie und führt sie zu einem neuen Leben.[41]

Rainer Maria Rilke († 1926) hat seine ganze Dichtung als Beschäftigung mit dem Tod verstanden. In seinen Briefen an einen jungen Dichter schreibt er, dass weder der Tod noch die Liebe bis jetzt eine Aufklärung, eine Lösung im Denken gefunden haben. So richtet sich seine Frage darauf, wie Liebe und Tod im Leben eine Verwirklichung finden. Beides können wir nicht, weder die Liebe noch den Tod. Der Tod ist dem Leben immanent; nicht: *hier das Leben – da der Tod,* sondern überall im Leben lässt sich der Tod erfahren.

Rilke unterscheidet den kleinen und den großen Tod. Nur der große Tod ist Tod im vollen Sinn des Wortes, der eigentliche Tod, der bewusst angenommen wird. Nur dieser vermag zum »guten Tod« zu werden. In der Stadt, insbesondere in Paris, erfährt Rilke aber immer stärker und bedrängender den kleinen Tod. Er sucht in Paris die Hospitäler auf, wo die alten Menschen auf den Tod warten. Hier sterben Menschen alleingelassen, vergessen in ihrem Leid, ihren kleinen Tod. Hier sind sie voller Angst vor dem Tod, weil er kein großer Tod ist, den der Mensch bewusst annehmen kann. Diesen Ort, wo Menschen schon mehr tot sind als am Leben, besucht er immer wieder, um diesen kleinen Tod zu erfahren und nach dem großen Tod zu suchen.

Die Frucht kann nur von innen her wachsen; genauso muss der Tod dem Leben auch von innen her zugehören. Daher ist die wichtige Aufgabe einer »Kunst des Sterbens«, den eigenen Tod kennenzulernen, das heißt bewusst anzunehmen. Mitten im Leben erfahren wir den Tod, der erst zum großen Tod werden kann, wenn wir ihn als den je eigenen anzunehmen vermögen.

> O Herr, gieb jedem seinen eignen Tod.
> Das Sterben, das aus jenem Leben geht,
> darin er Liebe hatte, Sinn und Not.[42]

Für Rilke ist die Kunst des Sterbens eine, die es wiederzugewinnen gilt, damit der eigene Tod ein großer, ein guter Tod werden kann. Der eigene Tod ist die Frucht des eigenen, gelungen Lebens, das sich nicht scheut, um den gelingenden Tod zu bitten. Er selbst wollte einen großen Tod sterben und hat daher trotz starker Schmerzen verweigert, Mittel einzunehmen, die zwar die Schmerzen lindern, aber auch den Geist vernebeln.

b. Riten zum Sterben und Begräbnis

Während der Tod heute als medizinische Angelegenheit erscheint, war er früher eine selbstverständliche Erfahrung im Alltag. Menschen starben zu Hause, idealerweise begleitet von den Verwandten und vom Priester. In allen Religionen gibt es Todesriten. In der katholischen Tradition empfängt der Sterbenskranke das Sakrament der Buße, um sich auf das eigene Leben zu besinnen, Vergebung zu erbitten und den Zuspruch der Versöhnung zu erhalten. Die Krankensalbung soll ihn oder sie für den Weg zu Gott stärken. Im Mittelalter wurde aus dem Sakrament, das zunächst nur »Ölung« *(unctio)* hieß, die »Letzte Ölung« *(extrema unctio)*, die nur kurz vor dem Tod gespendet wurde. Das eigentliche Sakrament für den Übergang des Todes ist die Eucharistie als Wegzehrung *(viaticum)*. Das Sterben wird vom Gebet begleitet, das letzte Gebet ist die *commendatio animae*, mit der die oder der Sterbende und sein ganzes Leben Gott anempfohlen wird:

> Mache dich auf den Weg, Bruder (Schwester) in Christus [*wörtlich:* Brich auf, christliche Seele], im Namen Gottes, des

> allmächtigen Vaters, der dich erschaffen hat; im Namen Jesu Christi, des Sohnes des lebendigen Gottes, der für dich gelitten hat; im Namen des Heiligen Geistes, der über dich ausgegossen worden ist. Heute noch sei dir im Frieden deine Stätte bereitet, deine Wohnung bei Gott im heiligen Zion, mit der seligen Jungfrau und Gottesmutter Maria, mit dem heiligen Josef und mit allen Engeln und Heiligen Gottes.[43]

Wenn der Tod in Zusammenhang mit Christi Tod gesehen wird, dann erscheint er nicht als Abbruch, sondern als Hinübergang zu etwas Neuem. Der Glaube gibt die Zusage, dass Christus uns mit seinem Tod Anteil an der Auferstehung gibt, und kann so für die Gläubigen dem Tod seinen Schrecken nehmen.

Das Todesverständnis spiegelt sich im Umgang mit den Toten. Blickt man in die verschiedenen Religionen, so finden sich überall, in allen Traditionen, Riten zur Begleitung der Sterbenden, zum Trost für die Trauernden und zum ehrfürchtigen Umgang mit den Verstorbenen. Die einen salben und schmücken, andere fesseln den Leichnam. Er wird bis zur Bestattung oder Verbrennung bewacht, denn erst ein bestatteter Toter kann, nach Auffassung der allermeisten Religionen, zum Frieden finden. Bestattungen sind schon sehr alt; Archäologen datieren die ältesten bisher gefundenen Gräber auf 50.000 bis 100.000 Jahre vor unserer Zeitrechnung. Tote werden sitzend, liegend, hockend, kauernd wie im Mutterleib oder in eine bestimmte Richtung gewendet beerdigt und so der Verwesung preisgegeben. Andere Religionen konservieren ihre Toten, balsamieren sie ein wie im alten Ägypten. Heute werden manche Menschen tiefgefroren, weil sie einen Fortschritt der Wissenschaft erhoffen, der ihnen ein längeres Leben ermöglicht, wenn sie später wieder ins Leben zurückgeholt werden.

Jünger, aber doch seit mehr als 5.000 Jahren belegt und weitverbreitet, ist die Verbrennung der Leichname. In Religionen, in denen die leibliche Auferstehung eine Rolle spielt und die Leiblichkeit nicht abgewertet wird, betrachtet man die Verbrennung allerdings eher skeptisch, wenngleich die katholische Kirche heute auf dem Standpunkt steht, dass die Verbrennung des Leichnams kein Hindernis für die Auferstehung darstellt und daher akzeptiert wird, wenn sie nicht als Manifestation gegen den Glauben gewählt wird.[44]

Der Umgang mit den Toten spiegelt das Selbstverständnis der Menschen in den Religionen, letztlich aber auch die Humanität selbst, sodass ein Vergessen des Todes und der Toten wohl dazu führt, dass die Menschlichkeit selbst abhandenkommt. Wer für die Toten nichts mehr übrig hat, wird bald auch den Lebenden keinen besonderen Wert mehr zumessen.

Die Grundform des christlichen Umgangs mit dem Leichnam des Toten ist das Begräbnis. Der Körper des oder der Toten wird der Erde übergeben. Die Riten zu Begräbnis oder Verabschiedung sollen den Trauernden die Gelegenheit geben, Abschied zu nehmen, sie trösten und die Hoffnung auf die Auferstehung bewusst machen. Die Angehörigen und die ganze Gemeinde nehmen Abschied in einer Feier. In ländlichen Regionen kommt vielfach noch die Ortsgemeinde zusammen. In den

Städten feiern Bekannte und Freunde mit den Angehörigen. Für den Verstorbenen oder die Verstorbene wird die Eucharistie gefeiert, die Feier von Leiden, Tod und Auferstehung Jesu für unsere Erlösung. Wo es möglich ist, steht der Sarg während der Feier in der Kirche. Wird die Eucharistie nicht oder später gefeiert, findet zuerst ein Wortgottesdienst statt. Das Gebet und die Lesungen aus der Schrift geleiten die Verstorbene oder den Verstorbenen auf dem letzten Weg und thematisieren die Hoffnung, von der die Bibel erfüllt ist. Ansprachen erinnern an ihren oder seinen Lebenslauf. Der Vorsteher legt die Lesungen aus und verkündet die christliche Hoffnung.

Bei der Verabschiedung wird gebetet, zunächst in Stille, dann werden Bitten für den Verstorbenen formuliert. Auf den Sarg wird Weihwasser gesprengt als Erinnerung an die Taufe. Mitunter tun das alle Gläubigen, wenn sie sich vor der Feier, bei der Aufbahrung persönlich verabschieden, auch dort, wo es noch eine Aufbahrung im Wohnhaus gibt. Bei der Feier selbst und am Grab tut es der Vorsteher für die ganze Gemeinde. Der Vorsteher spricht dazu: »Im Wasser und im Heiligen Geist wurdest du getauft. Der Herr vollende an dir, was er in der Taufe begonnen hat.«[45] Die Taufe ist das Sakrament des neuen Lebens in Christus, das Zeichen dafür, dass ein neues Leben beginnt und den in Christus Verstorbenen die Auferstehung verheißen ist. Manchmal wird auch Weihrauch verwendet, ein Zeichen der Würde und des Gebets. Dieser Teil der Feier schließt mit einem Verabschiedungsgebet.

Dann wird der Sarg in feierlicher Prozession zum Grab getragen und in das Grab gelassen. Der Vorsteher und danach alle anderen werfen ein wenig Erde auf den Sarg. Dazu heißt es: »Von der Erde bist du genommen, zur Erde kehrst du zurück. Der Herr aber wird dich auferwecken.« Auch Blumen werden als Zeichen des Lebens in das Grab gegeben, manchmal auch andere Zeichen der Erinnerung. Am Grab wird ein Kreuz errichtet, das Zeichen der Erlösung. Dazu spricht der Vorsteher: »Im Kreuz unseres Herrn Jesus Christus ist Auferstehung und Heil. Der Friede sei mit dir!« Die Feier endet mit der Bitte: »Herr, gib ihnen die ewige Ruhe *(requiem aeternam),* und das ewige Licht leuchte ihnen. Lass sie ruhen in Frieden. Amen.« Ruhe und Friede sind Inbegriff der Seligkeit, die Christen für die Verstorbenen erhoffen. So trägt auch die Eucharistie für die Toten den Namen *Requiem,* Ruhe. Das Gebet zum Abschluss des Begräbnisses ist zugleich der Eröffnungsvers für die Totenmesse, nach dem sie auch benannt ist.

Das Grab wird mit Blumen geschmückt, Zeichen des Lebens. Ein Grabstein mit den Namen erinnert an die Verstorbenen, deren sterbliche Überreste hier ruhen. Kerzen werden entzündet, die an das ewige Leben erinnern. Der Friedhof wird besucht, besonders zum Allerseelen-Fest am 2. November, an dem die Gräber gesegnet werden.

3. Hoffnung über den Tod hinaus

Der christliche Glaube bleibt nicht beim Tod stehen. Er ist von der Ostererfahrung geprägt, von der Begegnung mit dem auferstandenen Christus, der auch den Seinen die Auferstehung verheißen hat. Leben in der Nachfolge Jesu heißt auch Leben in der Hoffnung. Doch wie kann diese Hoffnung verstanden werden? Im Folgenden wird zuerst nach der angemessenen Interpretation der biblischen Hoffnungstexte gefragt, dann nach Apokalypse und Apokalyptik als Phänomen. Schließlich wird der christliche Gottesdienst auf seine eschatologische Dimension hin untersucht.

3.1 Die Hoffnung verstehen

Bevor Konzepte und Vorstellungen zum Verstehen christlicher Hoffnung skizziert werden können, ist ein Zwischenschritt nötig. Die Eschatologie als Lehre von den »Letzten Dingen« ist ein theologischer Bereich mit einer eigenen Methode. Hermeneutik ist die Lehre von der Auslegung, der Textinterpretation.

a. Hoffnungstexte in der Bibel

Die eine Quelle der Glaubensrede, der Theologie schlechthin, ist das Wort Gottes, das Evangelium Jesu Christi, ja, Jesus Christus selbst. Ihm begegnen wir in der Heiligen Schrift des Alten und Neuen Testaments. Eine Hilfe, sie zu verstehen, gibt die Tradition, die das Wort Gottes durch die Zeit trägt. Schrift und Tradition sind Ausdruck der Erfahrung des Glaubens in allen Zeiten; sie müssen daher mit der eigenen Glaubenserfahrung ins Gespräch gebracht werden.

Die Theologie ist bei ihrer Erforschung des Wortes Gottes auf Texte angewiesen. Für die Eschatologie sind all jene besonders interessant, die vom Reich Gottes und dessen Vollendung sprechen, von der Vollendung des Volkes Israel und von der Vollendung der Kirche. Dabei spielen apokalyptische Texte eine große Rolle, im Neuen Testament etwa die Gleichnisse vom Himmelreich im Matthäusevangelium (Mt 25), die Offenbarung des Johannes oder der zweite Petrusbrief, sowie die entsprechenden alttestamentlichen Perikopen in dieser Richtung bei den Propheten Jesaja, Ezechiel oder Daniel. In unvergleichlicher Weise hat deren reiche Bildsprache die Menschen aller Zeiten inspiriert aber auch verführt. Denn Bilder können mehr sagen als Worte; sie können Tiefendimensionen eröffnen, die eine einfache Argumentation nicht erreicht. Sie können aber auch missverstanden werden, bisweilen Ängste auslösen. Deshalb hat sich das kirchliche Lehramt immer wieder mahnend geäußert, nicht mit übertriebenen Darstellungen den Menschen

Angst zu machen. Umgekehrt sollen die Bilder aber in ihrer ganzen Kraft wahrgenommen werden, damit sie die Hoffnung, die darin ausgesagt ist, auch wirklich treffen.[46]

b. Hoffnungstexte richtig verstehen

Die Auslegung muss den biblischen Texten entsprechen. Es geht nicht um die Fragen: Wo? Wann? Wie?, sondern wesentlich darum, welchen Platz der Mensch auf der Welt, in der Gemeinschaft und vor Gott einnimmt. Die Heilige Schrift hat es immer mit uns Menschen und unserem Heil zu tun. Sie hat keine individualistische Perspektive, sondern spricht von der menschlichen Gemeinschaft, die Gott gegenübersteht. Das ist zu beachten, wenn die biblischen Hoffnungstexte gelesen und interpretiert werden.

In der katholischen Theologie des 20. Jahrhunderts gibt es zu dieser Frage Positionen, die zu Klassikern geworden sind. Nach Karl Rahner († 1984) bedeuten eschatologische Aussagen nicht zusätzliche Informationen über die Zukunft, die ein neues, bisher unbekanntes Glaubenswissen vermitteln. Im »Grundkurs des Glaubens« schreibt er:

> Wir projizieren nicht von einer Zukunft etwas in die Gegenwart hinein, sondern wir projizieren unsere christliche Gegenwart in der Erfahrung des Menschen mit sich, mit Gott in der Gnade und in Christus auf seine Zukunft hin, weil der

> Mensch eben seine Gegenwart gar nicht anders verstehen kann, denn als das Entstehen, das Werden, als die Dynamik auf eine Zukunft.[47]

Wenn wir theologisch von der Zukunft reden, von dem, was auf uns zukommt, dann sprechen wir also nicht von irgendeinem Zusatzwissen über irgendwelche Ereignisse, die zu irgendeinem fernen Zeitpunkt einmal eintreten werden. Das rechte Verständnis verlangt einen Perspektivenwechsel. Wir haben uns nicht gewissermaßen in die Zukunft versetzt und blicken von dort auf die Gegenwart, sondern wir blicken vom Heute in die Zukunft, verstehen also unser eigenes Leben als eines, das auf ein Ziel zugeht. Wie jede andere theologische Rede muss auch unser Reden über das Ende von der Offenbarung und damit von den in der Heiligen Schrift bezeugten Glaubenserfahrungen mit Jesus Christus ausgehen. Wir deuten das, was noch kommt, von dem her, was wir im Glauben der Kirche und im eigenen Leben schon mit Gott erfahren haben. Was wir im Glauben über unsere Hoffnung wissen, ist nichts anderes als das, was wir über Jesus Christus und über uns selbst wissen. Rahner sagt an einer anderen Stelle: Das »Wissen um die Eschata ist nicht eine zusätzliche Mitteilung zu der dogmatischen Anthropologie und Christologie, sondern nichts anderes als eben *deren* Transposition in den Modus der Vollendung«.[48] Aus dem Wissen um die eigene Unfertigkeit und die geschichtliche Verfasstheit der ganzen Schöpfung kann die Heilsgeschichte weiter nach vorn, in die Zukunft hinein verstanden werden. Aus der Erfahrung, dass Gott mir das Leben geschenkt und die Gemeinschaft zum Guten geführt hat, wächst die Hoffnung, dass das Leben auch eine gute Zukunft bei und mit Gott haben wird.

Unter dieser Voraussetzung steht nicht mehr die Frage nach dem eigenen Erfolg im Mittelpunkt, sondern die Suche nach dem Höhepunkt menschlicher Möglichkeiten, der sich dem eigenen Machen und Können entzieht. Damit ist die Frage nach dem Ende zur Frage nach dem Vollender geworden. In der Mitte der Theologie steht nicht der Mensch als Sieger, der alle Möglichkeiten erreicht, sondern Gott, der dem Menschen begegnen will, Gott, der uns »alles in allem sein wird« (1 Kor 15,28 wörtl.). Von dieser Begegnung Gottes mit dem Menschen her, von Gottes Selbstoffenbarung in Jesus Christus, der jeder und jedem begegnen will, sind die Fragen nach dem Ende und der Vollendung zu stellen. Die Perspektive, die Karl Rahner vorschlägt, ist eine, die erstens von der Glaubenserfahrung im Heute ausgeht und zweitens diese Erfahrung von der Begegnung mit dem lebendigen Gott in Jesus Christus her versteht.

Theologie muss immer Gottesrede sein, also die Frage nach Gott in die Mitte stellen. Der Schweizer Theologe Hans Urs von Balthasar († 1988) hat das für die Hoffnung in unübertrefflicher Weise formuliert:

> Gott ist das »Letzte Ding« des Geschöpfs. Er ist als Gewonnener Himmel, als Verlorener Hölle, als Prüfender Gericht, als Reinigender Fegefeuer. Er ist Der, woran das Endliche stirbt und wodurch es zu Ihm, in Ihm aufersteht. Er ist

> es aber so, wie er der Welt zugewendet ist, nämlich in seinem Sohn *Jesus Christus,* der die Offenbarkeit Gottes und damit der Inbegriff der »Letzten Dinge« ist.[49]

Damit hebt er die personale Dimension hervor. Aussagen über die Hoffnung sind Glaubensaussagen. Sie haben immer mit dem Verhältnis der Menschen zu Gott zu tun, also mit Gott selbst. Denn der Glaube ist die je eigene Beziehung zum lebendigen Gott. Wenn also von Himmel und Hölle geredet wird, geht es immer um bestimmte Arten, dem lebendigen Gott zu begegnen.

Das ganze Christentum ist – nach dem evangelischen Theologen Jürgen Moltmann – »Hoffnung, Aussicht und Ausrichtung nach vorne, darum auch Aufbruch und Wandlung der Gegenwart«.[50] Damit ist nicht nur festgehalten, dass die Rede über die Hoffnung von einer gegenwärtigen Perspektive ausgeht, sondern auch, dass die Hoffnung diese Perspektive verändert. Ein Leben aus der Hoffnung hat die Kraft, die Gegenwart zu verändern im Blick auf Gott, der das Ziel des Lebens und der menschlichen Geschichte ist. Die Rede über die Hoffnung ist nicht eine Beschreibung, also eine deskriptive, sondern eine Veränderung, eine performative oder pragmatische Rede. Gottes Verheißung als Zusage der Rettung aus der Macht von Sünde und Tod verändert unser Leben. Sie drückt eine Selbstverpflichtung Gottes den Menschen gegenüber aus und verändert so auch das Leben der Berufenen, ruft sie zusammen zur Gemeinschaft, die für die Welt Zeichen sein soll, zur Kirche, die in dieser Welt und Geschichte zur künftigen Vollendung geführt werden soll.

Ausgehend vom Sprachakt des Versprechens untersucht der katholische Theologe Franz Gruber die Zusagen, die sich in der Heiligen Schrift finden. Sie sind ein Versprechen Gottes an die Menschen. Das Versprechen ist noch keine Garantie dafür, dass es eingelöst wird. Wir versprechen uns von der Wirklichkeit viel, etwa das Gelingen unseres Lebens, dass letztlich alles gut wird, dass die Welt uns hält, dass wir noch viel erreichen werden und so weiter. Der Modus des Versprechens zielt aber nicht unbedingt zuerst auf die Einlösung, sondern darauf, dass unser Leben selbst auf das Versprechen ausgerichtet wird, also einen Sinn hat. Die Verheißungen, die auf die Hoffnung zielen, sind also ein Versprechen Gottes, der die Welt vollenden will. Das gründet darin, dass Gott die Welt geschaffen, die Menschheit erlöst und die Wiederkunft Christi verheißen hat. Die Menschen erwarteten und erwarten Gott immer schon. »So gründet das eschatologische Versprechen nicht zuerst im Versprechen Gottes auf sein endzeitliches Ankommen, sondern auf sein unvordenkliches schöpferisches und heilsgeschichtliches Angekommensein.«[51]

Wenn die Bibel von der Zukunft erzählt, macht sie keine Voraussagen, was irgendwann irgendwo passieren wird, sondern sie will die Hoffnung stärken. Sie erzählt vom Ende der Welt und des Menschen als Vollendung und Ziel. Das, worum es geht, lässt sich nicht einfach in Worte fassen, sondern kann nur in verschiedenen bildhaften Vorstellungen ausgedrückt werden.

Hoffnungstexte sind daher in einer bildhaften Sprache gehalten. Um nicht in Missverständnisse zu fallen, ist es notwendig, die Bildsprache zu verstehen.

c. Christliche Fragen zur Vollendung

Thema ist das Ende nicht nur als Endlichkeit und Begrenztheit, sondern im Blick auf die ersehnte Vollendung des Lebens und der Schöpfung. Als die zwei wesentlichen Aspekte sind der allgemeine und der individuelle zu unterscheiden, aber nicht voneinander zu trennen. So kommen Ende und Vollendung als je für mich selbst und für die Geschichte, die Menschheit wie den Kosmos insgesamt in den Blick.

In der christlichen Theologie, noch einmal spezieller in der katholischen, wird nach der Vollendung anhand der sogenannten Eschata, der Letzten Dinge, gefragt. Klassisch sind damit Himmel, Hölle, Fegefeuer und das Jüngste Gericht gemeint. In der traditionellen Verkündigung waren sie selbstverständlich Teil jeder Katechese. In den modernen Kontexten müssen sie neu hinterfragt werden, weil sie für die heutige Erfahrung nicht mehr selbstverständlich sind. Aber sie tragen wesentliche Aspekte in sich, die keinesfalls verlorengehen dürfen. Und richtig verstanden können sie auch Hoffnung geben.

Schließlich gilt es, die größere Hoffnung der Christen zu thematisieren, die Frage nach dem Geschick der Toten. Aus der Ostererfahrung der Christen wächst das Bekenntnis zur leiblichen Auferstehung der Toten. Doch was bedeutet dies im Glauben und wohin werden die Toten auferstehen? Damit ist auch das Programm für die weiteren Kapitel benannt. Zuvor aber wird nach der Verkündigung des Reiches Gottes gefragt. Denn sie ist die Voraussetzung dafür, die christliche Hoffnung verstehen zu können.

3.2 Apokalypse, Apokalyptik und das Reich Gottes

Das griechische Wort *apokalypsis* bedeutet so viel wie Enthüllung, Offenbarung, Entbergung. Das letzte Buch des Neuen Testaments trägt diese Bezeichnung, die damit auch für ein literarisches Genus steht, mit dem das Ende, der Untergang der bekannten Welt und eine Erneuerung thematisiert wird. Davon abgeleitet, werden Phänomene, die sich literarisch oder auch auf andere Weise in diesem Themenkreis bewegen, als »Apokalyptik« bezeichnet. Wobei damit keine einheitliche Definition verbunden ist. Die literarische Gattung wird heute eher als Apokalypse bezeichnet, damit man mit Apokalyptik auch einen weiteren Bereich verschiedener Phänomene fassen kann. Hier können nur einige Elemente aufgezählt werden.

Apokalyptische Phänomene gibt es in großer Zahl bis in die Gegenwart. Die Literatur dazu ist meist in starken, sogar beängstigenden Bildern gezeichnet. Die Phänomene gehen oft von einem subjektiven, individuellen Bedrohungsgefühl aus, das sich häufig mit einer negativen Weltsicht verbindet. Die Sehnsucht, der heutigen Welt zu entkommen, steht im Mittelpunkt. Die Überlegungen sind dabei ganz auf die Gegenwart bezogen – in einer negativen, abgrenzenden Weise, wobei oft auch kreative Ideen für Erneuerung vorliegen. Meist sind die Angst vor dem Weltende und die Erwartung einer großen Wende Merkmale apokalyptischer Ideen.

a. Apokalyptische Texte in der Heiligen Schrift

Antike Zeugnisse der Apokalyptik finden sich in der jüdischen, jüdisch-hellenistischen und christlichen Literatur, auch im Alten und Neuen Testament.

Der Prophet Ezechiel (Ez 37,1–14) erzählt von einer Vision. Er sieht in der Ebene die Gebeine von Erschlagenen. Sie sind der sichtbare Ausdruck dafür, dass das Volk Israel gefallen ist. In der Geschichte der Theologie ist dieser Text als Beleg für die leibliche Auferstehung gelesen worden. Ausgetrocknet, leblos sind die Gebeine das Zeichen des Todes. Nach menschlichem Ermessen ist nichts mehr in ihnen, was Hoffnung geben könnte. So ist auch die Situation des bedrängten Volkes: Alles scheint verloren, das Volk als Gemeinschaft vergangen, es kann nicht mehr wiederhergestellt werden. Doch was in dieser Hoffnungslosigkeit vergessen wird, ist der eigentliche Inhalt der Vision, dass nämlich Gott selbst, der Herr die Initiative ergreift. »So spricht GOTT, der Herr, zu diesen Gebeinen: Siehe, ich selbst bringe Geist in euch, dann werdet ihr lebendig« (Ez 37,5).

Die Gebeine kommen wieder in die natürliche Ordnung und werden von Fleisch umgeben. So kommt aufs Neue Leben in sie, indem sie der Geist belebt. Der lebenspendende Geist erschafft sie neu. Wo Gott eingreift, entsteht etwas Neues, wird die Schöpfung wiederhergestellt. Auferstehung bedeutet hier, dass Gott sagt: »Seht, ich mache alles neu!« (Offb 21,5).

Diese Hoffnung auf die Erneuerung des Volkes wird auch zur Hoffnung für die Einzelnen. Gott wird die Gräber öffnen, die Toten herausrufen und wieder lebendigmachen. Damit entsteht wieder neu der ursprüngliche Dialog zwischen Gott und Mensch, der mit dem Anruf Gottes beginnt und die Erkenntnis und Anerkenntnis Gottes vom Menschen erwartet: »Und ihr werdet erkennen, dass ich der HERR bin, wenn ich eure Gräber öffne und euch, mein Volk, aus euren Gräbern heraufhole« (Ez 37,13). Das Land als Lebensraum wird ihnen wiedergeschenkt und die Menschen können wieder leben in Einklang mit dem Herrn, miteinander und mit der Erde.

Die Vision der Wallfahrt aller Völker der Erde zum Berg Zion (Mi 4,1–5; Jes 2,2–5) nimmt die Vorstellung vom apokalyptischen Kampf der anderen Völker gegen Israel auf und wendet sie in eine Friedensvision. Der Berg Zion, auf dem Jerusalem errichtet ist, hat Bedeutung für die ganze Welt und für alle Menschen. Denn Gott, der auf dem Berg Zion wohnt, möchte allen Menschen begegnen und nimmt Israel dafür in den Dienst. Die Weisung Gottes, die von Jerusalem ausgeht, sein Gebot, stiftet Frieden unter den Völkern. »Dann werden sie ihre Schwerter zu Pflugscharen umschmieden und ihre Lanzen zu Winzermessern. Sie erheben nicht mehr das Schwert, Nation gegen Nation, und sie erlernen nicht mehr den Krieg« (Mi 4,3; Jes 2,4). Am Ende des Jesajabuches findet sich die Vision von der Neuschöpfung der Erde. Sie mündet im berühmten Bild der Harmonie von allem Lebendigen: »Wolf und Lamm weiden zusammen und der Löwe frisst Stroh wie das Rind ... Man tut nichts Böses und begeht kein Verbrechen auf meinem ganzen heiligen Berg, spricht der HERR« (Jes 65,25).

Die Offenbarung des Johannes ist in großen, starken Bildern gezeichnet, die in der Geschichte der christlichen Kunst immer wieder eindrucksvoll dargestellt wurden. Hier sind zum Beispiel die vier apokalyptischen Reiter oder der Drache, der die Frau mit ihrem Kind verschlingen will, zu nennen. Doch versteht man die ganze Schrift nicht richtig, wenn man die sieben Briefe zu Beginn außer Acht lässt. Es sind fiktive Briefe an Gemeinden, die den Leserinnen und Lesern der Offenbarung bekannt waren oder deren Teil sie selbst waren. Sie zeichnen die Situation derer, an die sich die Schrift richtet: Gemeinden, die zum Glauben gefunden haben, in diesem Glauben und in ihrem Zusammenhalt aber bedroht sind – von außen, durch Gruppen, die sich abgespalten haben, oder durch die Schwäche im eigenen Innern. In diese Situation hinein verkündet die Schrift das Wort Gottes, den Glauben, als Zuspruch. Die Botschaft sagt, dass Gott auch dort, wo sein Volk unter Druck steht, in der Bedrohung, ja, in der Dramatik zu den Seinen steht. Gott selbst wird kommen und das Geschick seines Volkes wenden. Das geht so weit, dass er selbst alles neumacht, die Welt neuschafft und das neue Jerusalem errichtet als Ort des ewigen Heils für alle Menschen, die Jesus Christus, dem Lamm Gottes, folgen. So ist das Ziel der Offenbarung nicht, Informationen über die vermeintliche Zukunft zu geben, sondern Trost und Zuversicht im Hier und Heute zu spenden.

Christliche Apokalyptik kann sich nicht darin ergehen, Angst zu machen oder den Rückzug in die Isolation zu fördern angesichts vermeintlicher Bedrohungen, sondern sie soll die Hoffnung stärken, dass Gott für und durch sein Volk die Welt verwandelt und zum Guten hin erneuert.

b. Das Reich Gottes als Inbegriff des Evangeliums

In der Mitte der Verkündigung Jesu steht die Königsherrschaft Gottes *(basileia tou Theou)* oder das Reich Gottes, wie meist übersetzt wird. Wie dieses Reich zu verstehen ist, darüber bestehen und bestanden unterschiedliche Ansichten. Die Frage ist, ob, wann und wie sich das Reich, das von Gott ausgeht, in der Geschichte verwirklicht und die Geschichte verändert.

Der Begriff *basileia* findet sich im Neuen Testament 162-mal, davon 121-mal in den synoptischen Evangelien nach Matthäus, Markus und Lukas, wo vor allem die Wendung »Reich Gottes« und – besonders bei Matthäus – »Himmelreich« verwendet wird. Es scheint also schon von diesem Befund her gerechtfertigt, eine Untersuchung mit den synoptischen Evangelien zu beginnen. Die Rede vom Reich Gottes findet sich besonders oft im Munde Jesu. Bei Markus ist bereits ganz zu Beginn das Wesentliche an Jesu Verkündigung zusammengefasst: »Nachdem Johannes ausgeliefert worden war, ging Jesus nach Galiläa; er verkündete das Evangelium Gottes und sprach: Die Zeit ist erfüllt, das Reich Gottes ist nahe. Kehrt um und glaubt an das Evangelium!« (Mk 1,14–15).

Das ganze Buch trägt die Überschrift: Evangelium Jesu Christi (Mk 1,1). Jetzt wird davon gesprochen, dass Jesus das Evangelium Gottes verkündet. Es gibt eine zeitliche Abfolge. Auf das Wirken Johannes des Täufers folgt die Verkündigung Jesu. Diese fast profane Zeitangabe wird im selben Satz theologisch überboten: »Die Zeit *(kairos)* ist erfüllt.« Die Vorstellung, dass jetzt der *kairos* gekommen ist, erfüllt eine im Judentum verbreitete Sehnsucht (vgl. Gal 4,4; Tob 14,5). Geschichte ist nicht einfach ein zyklischer Ablauf von immer gleichen und gleichwertigen Ereignissen. Die Zeit ist erfüllt, wenn Gott selbst in die Geschichte eingreift und damit die Geschichte seines Volkes zu seiner eigenen Geschichte macht. Jetzt ist dieser Zeitpunkt gekommen, weil Israel dafür bereit ist. Dann heißt es wörtlich: »nahegekommen ist das Reich Gottes«. Das kann zweierlei meinen, und der Begriff scheint das offenzulassen. Entweder ist das Reich schon da und braucht sich nur noch zu entfalten, oder das Reich kommt erst, es ist im Begriff zu kommen, und die Bewegung kann wahrgenommen werden. Beides ist hier eingeschlossen, die Entscheidung lässt sich vom Wortgehalt her nicht treffen. Vielleicht sind das auch die Aspekte, auf die es ankommt: Das Reich ist eine Wirklichkeit unter uns, die aber noch im Kommen ist. Jedenfalls liegt keine Zustandsaussage vor, sondern hier ist von einem Ereignis die Rede, das jetzt, mit der Erfüllung der Zeit, eingetreten ist. Dieses Ereignis verbindet Jesus mit der Forderung: »Kehrt um und glaubt an das Evangelium!«[52] Das Reich ist der Beweggrund für gutes Handeln und zeigt sich in diesem. Und es ist Inhalt und Zweck der Gleichnisse.

Es gibt Stellen, die stärker darauf hindeuten, dass das Reich in der Zukunft liegt. Am bekanntesten für eine solche geschichtliche Erwartung ist wohl das Wort im Markusevangelium, das unmittelbar vor der Verklärung und nach der ersten Leidensankündigung steht. Hier ist davon die Rede, dass wir auf das Reich Gottes warten und es bald kommen wird. Jesus sagt: »Amen, ich sage euch: Von denen, die hier stehen, werden einige den Tod nicht schmecken, bis sie gesehen haben, dass das Reich Gottes in Macht gekommen ist« (Mk 9,1).

Ist das Reich Gottes schon gekommen oder steht es noch aus? Diese Frage hat Generationen von Christen beschäftigt und tut es bis heute. Denn damit ist die existentielle Haltung verbunden. Jesus sagt: »Kehrt um!« Mit einer solchen Haltungsänderung bereite ich mich selbst auf das Reich Gottes vor oder füge mich ihm ein. Das Reich Gottes soll etwas in mir verändern. Und doch ist es Gottes Initiative; es kommt, weil Gott es will.

Jesus verbindet die Krankenheilungen und insbesondere die Dämonenaustreibungen mit dem Reich Gottes. Auf den Vorwurf, er würde selbst mit den Dämonen und ihrem Anführer im Bund stehen, antwortet er mit einem eschatologischen Wort: »Wenn ich aber im Geist Gottes die Dämonen austreibe, dann ist das Reich Gottes schon zu euch gekommen« (Mt 12,28, vgl. Lk 11,20). Hier steht statt »ist nahegekommen« eine Wendung, die einen Zustand andeutet: »ist gekommen«, »ist angebrochen«, »ist schon hier«, »findet jetzt statt«. Diese Stelle legt eindeutig eine präsentische Sicht des Reiches nahe. Es ist schon da.[53] Damit unterscheidet sich diese Stelle von den vorigen. Sie widersprechen einander nicht, sondern zeigen eine Spannung an. Vom Reich kann die Rede sein als einer Wirklichkeit, die in Zukunft erwartet wird (also von einem Ereignis), oder von einer Wirklichkeit, die schon da ist (also von einem Zustand).

Im Gebet, das Jesus seine Jünger lehrt, im Vaterunser, findet sich die Bitte an den Vater: »Dein Reich komme, dein Wille geschehe, wie im Himmel, so auf der Erde« (Mt 6,10; vgl. Lk 11,2). Damit wird angezeigt, dass das Reich Gottes unserem Wollen und Können entzogen ist. Es ist eine Realität, die ganz auf Gott zurückgeht, der durch das Reich in der Welt wirkt. Es ist transzendent. Diese Erkenntnis bewahrt vor der irrigen Ansicht, das Reich könnte durch moralisch gutes Handeln in die Welt kommen. Auch wenn wir uns für das Kommen des Reiches vorbereiten können, ist es nicht möglich, es selbst herbeizuführen.[54]

Eine von der Übersetzung her schwierige Stelle findet sich im Lukasevangelium. Nach der Erzählung vom barmherzigen Samariter heißt es: »Als Jesus von den Pharisäern gefragt wurde, wann das Reich Gottes komme, antwortete er: Das Reich Gottes kommt nicht so, dass man es beobachten könnte. Man kann auch nicht sagen: Seht, hier ist es! oder: Dort ist es! Denn siehe, das Reich Gottes ist mitten unter euch« (Lk 17,20–21).

Die heute gängige und vermutlich richtige Übersetzung legt nahe, dass das Reich Gottes schon da ist, mitten unter uns, aber dass es nicht mit Getöse oder Macht kommt. Es sieht bei Lukas so aus, als wollte er mehr betonen, dass das Reich schon da ist. Es ist gegenwärtig im heilbringenden Wirken Jesu, aber diese Gegenwart ist nur ein Aufflackern, eine erste Ahnung von dem, was noch sein wird, wenn der Menschensohn kommt (vgl. Lk 17,22–18,8). Wer das erkennt, wird sich aus der Erfahrung des Reiches in Jesus heraus erwartungsvoll auf die Zukunft hin ausrichten. Das steht nicht im Widerspruch zu einer zukünftigen Sicht.[55]

All diese Darstellungen zeigen zwar, was Jesus meint, wenn er davon spricht, dass das Reich Gottes da ist oder nahekommt. Dabei findet sich aber nicht, was das Reich Gottes eigentlich ist. Einzig Paulus, der sonst wenig vom Reich Gottes spricht, gibt dazu einen entscheidenden Hinweis. Er schreibt: »Das Reich Gottes ist nicht Essen und Trinken, sondern Gerechtigkeit, Friede und Freude im Heiligen Geist« (Röm 14,17). Ausschließlich individuell, als eine Beschreibung des persönlichen Glaubens, wird diese Stelle nicht in ihrer ganzen Tiefe verstanden. Sicher kann das Reich Gottes in meinem Leben als Bewusstsein für eine maßvolle Haltung ankommen, aber Friede und Gerechtigkeit sind immer politische Kategorien. Und die Freude im Heiligen Geist hat etwas mit der Gemeinschaft zu tun, kann doch das Wirken des Heiligen Geistes immer nur dann echt sein, wenn es in den Dienst der Gemeinschaft und der Menschheit gestellt wird.[56]

c. Die neue Herrschaft Gottes und das tausendjährige Reich

Besondere Aufmerksamkeit fand für die geschichtliche Ausdeutung der Heiligen Schrift stets die Offenbarung des Johannes, die Apokalypse, die in einem umfassenden Sinn gedeutet wurde. Zurückgehend auf die Idee eines Priester-Königreiches (Offb 1,6; 5,10), die aus der Bibel Israels übernommen wird (Ex 19,6; Jes 61,6), erzählt die Offenbarung ihren bedrängten Zuhörerinnen und Zuhörern, dass Gott selbst die Herrschaft übernehmen wird, während andere Reiche fallen werden. Sie werden »dem Tier« überlassen (Offb 16,10; 17,12.17–18). Jetzt gehört das Reich der Welt dem Herrn der Welt, dem es entrissen werden muss. Nach dem Sieg des Erzengels Michael wird Jesus als der Herr des Reiches besungen: »Jetzt ist er da, der rettende Sieg, die Macht und die Königsherrschaft unseres Gottes und die Vollmacht seines Gesalbten; denn gestürzt wurde der Ankläger unserer Brüder, der sie bei Tag und bei Nacht vor unserem Gott verklagte« (Offb 12,10).

Die Worte Königsherrschaft *(basileia)* und Vollmacht *(exousia)* zeigen an, was das Reich bedeutet. Es ist gleichbedeutend mit der Erlösung aus dem Kampf, mit dem Ausüben der Macht durch Gott selbst und mit der Vollmacht Christi.

Gott selbst ergreift in Christus die Initiative und vernichtet alles Böse.

Diese Visionen sollen in der bedrängten Situation Trost, Hoffnung und Mut spenden. Die sieben Briefe (Offb 2,1 – 3,22) zeigen die unterschiedlichen Szenarien der Bedrohung, von außerhalb oder von innerhalb der Gemeinde, durch das Nachlassen im Eifer, durch Lauheit oder durch irrige Vorstellungen. Wer davon hört, wie Gott sich in der Welt engagieren wird, muss nicht mehr in Verzweiflung versinken, weil die Gemeinschaft der Glaubenden angegriffen wird.

Freilich wurden die Visionen bald schon in einem geschichtlich-kosmologischen Sinn verstanden. Die Bilder verselbständigen sich. Eine besondere Bedeutung spielt dabei der Chiliasmus oder lateinisch Milleniarismus (griechisch *chilia,* lateinisch *mille* bedeutet tausend). Prägend dafür ist vor allem jene Stelle, in der vom tausendjährigen Reich die Rede ist (vgl. Offb 20,1–10). Ein Engel steigt vom Himmel herab und fesselt den Widersacher, den Satan, für tausend Jahre. Die Christus gefolgt sind, werden mit Christus für tausend Jahre herrschen (V. 1–6). Dann wird der Satan nochmals freigelassen. »Er wird ausziehen, um die Völker an den vier Ecken der Erde, den Gog und den Magog, zu verführen und sie zusammenzuholen für den Kampf« gegen die Gläubigen (V. 8), doch Gott wird ihn besiegen. Hier ist in bildlicher Weise von tausend Jahren die Rede. Doch das eigentliche Thema ist das Reich Gottes, angedeutet durch das Wort vom Herrschen. Das Anbrechen der Herrschaft Christi bedeutet die Überwindung der Not all derer, die sich für das

Evangelium eingesetzt haben. Sie werden »mitherrschen« und sie werden »richten« – auch das ein Wort, das auf Reich und Herrschaft hindeutet. »Gog und Magog«: Die Namen stammen aus Ezechiel 38–39 (vgl. Gen 10,2; 1 Chr 5,4, Offb 19,17–18) und bezeichneten ursprünglich den König Gog aus Magog, aus dem Norden, der in das Land Israel einfällt. Hier sind es die Feinde, die gegen das Reich Gottes kämpfen und es zu überwältigen drohen. Der Kampf am Ende wird von Gott selbst geführt und gewonnen. Alle »Feinde« werden vernichtet, damit das Gute zum Ziel kommen kann.[57]

Von der jüdischen Vorstellung ausgehend, dass zur Zeit Christi etwa sechstausend Jahre seit Erschaffung der Welt vergangen waren, waren die tausend Jahre des Friedensreiches schon angebrochen. Vom jüdischen Denken sind hier die Erwartung eines messianischen Friedensreiches zu Beginn der Endzeit und die Vorstellung von einer allgemeinen Totenerweckung am Ende der Tage aufgenommen. Damit daraus ein geschichtstheologisches Konzept werden kann, wird eine Verbindung mit der Erschaffung der Welt in sieben Tagen (Gen 1,1–2,4a) und dem Psalmwort »Denn tausend Jahre sind in deinen Augen wie der Tag, der gestern vergangen ist, wie eine Wache in der Nacht« (Ps 90,4) hergestellt. Dann entsprechen einem Tag der Schöpfung tausend Jahre der Geschichte, und die siebte Gruppe von tausend Jahren markiert die Endzeit. Dafür finden sich auch in der jüdischen Apokalyptik Belege (4 Esra, syrische Baruchapokalypse). Aber die tausend Jahre wurden im Judentum niemals als fixe Größe angesehen, weil hier eine symbolische Zahl gemeint ist.

Die Deutung, dass die sieben Tage in der Schöpfungserzählung sieben Weltalter bedeuten, verbreitete sich bald sehr weit. Sie findet sich schon ansatzweise im Matthäusevangelium. Die sieben Weltalter sind:

(1) von Adam bis Noah,
(2) von Noah bis Abraham,
(3) von Abraham bis David,
(4) von David bis zum Exil,
(5) vom Exil bis Jesus,
(6) von Jesus bis zu seiner Wiederkunft, also die Zeit der Kirche, die Gegenwart,
(7) das Reich Jesu, des Messias, auf Erden.

Verschiedene Gruppen vertraten ein solches Denken, auch manche Theologen; Irenäus von Lyon († um 202) und Augustinus († 430) übernahmen einzelne Ideen daraus. Andererseits besteht bei diesem Chiliasmus die Gefahr einer unangemessenen Radikalität, deshalb gab es immer wieder warnende Stimmen.[58]

d. Deutungen des Reiches Gottes

Jesus verkündet das Reich Gottes als eine neue Wirklichkeit, die mit ihm schon angebrochen ist. Dabei lässt sich aus seinen Worten allein nicht leicht sagen, was das Reich eigentlich ist. Ein Blick in die jüdische Geschichte ist aufschlussreich. Im damaligen Synagogengottesdienst war es schon ein Problem, dass die Israeliten nicht mehr Hebräisch sprachen. So wurden zwar die Lesungen im Original vorgetragen, dann aber mit paraphrasierenden Übersetzungen auf Aramäisch wiederholt, die später niedergeschrieben und *targumim* genannt wurden. Dabei wurde versucht, Gott keine anthropomorphen Züge zu geben. Wer von Gott in ehrenvoller Weise sprechen will, wird jedes aktive Wort vermeiden. Dann ist die Rede von der *Schechina,* der Einwohnung Gottes, statt davon, dass Gott an einem bestimmten Ort ist. Und es heißt, dass »das Reich Gottes hier« ist, wenn gemeint ist: »Gott regiert«. Wenn vom Reich die Rede ist, ist immer Gott selbst gemeint.[59]

Das Besondere am Neuen Testament ist die christologische Konzentration. In Christus geschieht die unmittelbare Begegnung mit Gott. Er selbst ist das Reich Gottes, die *autobasileia,* wie Origenes († um 254) sagen wird, die Gegenwart Gottes in der Welt. Er selbst ist der Wandel der Geschichte, der Neuanfang, den Gott setzt. Gott setzt einen Neubeginn und ruft alle Menschen in Jesu Nachfolge. Die Zukunft hat in Christus schon begonnen, sie ist ein Weg, den Gott mit den Menschen gehen möchte. Christus ist Mensch geworden, um in der Geschichte die Menschen zu verwandeln durch die Nachfolge, sie in seinem Volk zu sammeln und in sein ewiges Reich zu führen. Das Entscheidende ist schon geschehen.

Benedict Thomas Viviano[60] unterscheidet bei den Kirchenvätern recht treffend vier verschiedene Arten, die Botschaft vom Reich Gottes aufzunehmen. Sie markieren auch grundsätzliche Richtungen, mit dem Reich Gottes umzugehen.

Die *eschatologische Strömung* hängt mit den jüdisch-apokalyptischen Voraussetzungen zusammen, die der biblische Text noch spüren lässt, etwa aus dem Buch Daniel. Das Reich wird bald kommen, es liegt in einer vorstellbaren Zukunft. Papias von Hierapolis († ca. 163) hat in einer verlorenen Schrift, entstanden um 130, Eusebius von Caesarea († 339/340) zufolge gesagt, dass »nach der Auferstehung der Toten tausend Jahre folgen werden, in denen das Reich Christi leibhaftig auf dieser Erde Bestand haben« werde.[61] Die Rede von den tausend Jahren ist orientiert an der Offenbarung, der einzigen Stelle im Neuen Testament, wo von einer Zeit die Rede ist. Auch in der Theologie des zweiten und frühen dritten Jahrhunderts und etwas später ist diese Vorstellung vorherrschend.

Bald schon aber macht sich eine andere, eine *spirituell-mystische Strömung* breit, in der die Vorstellung vom Reich verinnerlicht wird, während die apokalyptischen Dimensionen verlorengehen. Der prägnanteste Vertreter ist sicher Origenes. Das Reich ist Christus selbst. Ausgehend von einer bestimmten Lesart der Stelle »Das Reich Gottes ist mitten unter euch«, dic bcsagt: »Das Reich Gottes ist in euch« (Lk 17,21), spricht er davon, dass wir Christen das Reich Gottes erlangen können durch die Vervollkommnung der einzelnen Seele. Und das bedeute die Wiederherstellung des ursprünglichen paradiesischen Zustandes.

Die *politische Strömung* findet sich etwa bei Eusebius, der bestrebt ist, die Herrschaft Konstantins als Erfüllung eines göttlichen Auftrags darzustellen. Deshalb schreibt er zusätzlich zu seiner Kirchengeschichte auch ein Lob des Konstantin. Das ist eine politische Theologie, die das Reich Gottes in die Geschichte hereinholt. Sie findet sich oftmals wieder, besonders scharf ausformuliert bei den Nationalsozialisten, die ihre Herrschaft als »Drittes Reich« sahen und damit als das Aufbrechen einer neuen Zeit. Auch die Vorstellung vom tausendjährigen Reich findet sich dort.

Schließlich findet diese politische Theologie ihre Kritik schon früh in der *kirchlichen Strömung*, besonders bei Augustinus († 430), der in seinem monumentalen »Gottesstaat« gerade zeigen will, dass das Reich Gottes sich nicht in ein irdisches Staatengefüge fassen lässt. Wenn überhaupt, dann ist es in der Kirche zu finden, die der Ort des pilgernden Gottesstaates auf Erden ist. Der Gottesstaat selbst aber ist im Himmel; so ist die Kirche nur in aller Vorläufigkeit Hinführung zum Reich Gottes.

Gleich ob das Reich Gottes in der Zukunft oder jetzt schon verwirklicht gesehen wird, in äußerlichen Umständen, in der Kirche oder geistlich, tief im Innern – die Botschaft von der Herrschaft Gottes hat immer eine existentielle Dimension. Sie fordert die Christinnen und Christen heraus. Jesus spricht von Umkehr, von Erneuerung. Es ist die Erneuerung, die mit der Initiative Gottes beginnt, der die Menschen sich aber anschließen müssen. Erneuerung kann nur gelingen, wenn sie auch in den Menschen stattfindet. Die Aufgabe der Kirche ist, die Botschaft des Evangeliums vom Reich in die Welt zu tragen und bei den Menschen wirklich werden zu lassen. Das heißt, das Reich Gottes hat eine politische Dimension.

3.3 Gottesdienst auf Erden – Gottesdienst im Himmel

Der Glaube braucht immer auch die sinnliche Dimension. Er kann erfahren, gespürt werden im Gottesdienst der Kirche, in der Liturgie. Die ganze Liturgie ist geprägt von der Hoffnung und der Erwartung auf die Vollendung durch Gott; sie hat eine eschatologische Dimension, die aber vielerorts erst bewusst gemacht werden muss.[62] Christliche Kirchen sind Versammlungsorte für die Kirche, die Gemeinschaft, die von Gott selbst zusammengerufen worden ist. Daran erinnert der griechische Begriff *ekklesia,* wörtlich »die Zusammengerufene«. So wie Gott sein Volk am Fuß des Berges Sinai immer wieder selbst zum Gottesdienst zusammengerufen hat, so kommen auch die Christinnen und Christen heute als Gerufene. Gott lädt die Gemeinde ein, zu beten und zu feiern.

Unsere Kirchenbauten sind meistens nach Osten ausgerichtet, weil man von dort die Wiederkunft des Herrn erwartet. Jesus kommt wieder, wie die aufgehende Sonne jeden Morgen unsere Welt mit ihren wärmenden Strahlen erhellt. Heute ist es üblich geworden, dass die Gemeinde sich um den Altar versammelt, auf dem der Herr in unserer Mitte gegenwärtig wird. Das ist gut so, weil es die aktive und tätige Teilhabe an der Liturgie, die das Zweite Vatikanische Konzil hervorgehoben hat, ermöglicht. Es lässt aber nicht so deutlich werden, dass wir als Kirche, als betende Gemeinde uns gemeinsam dem lebendigen Gott zuwenden, der uns begegnen will. Die meisten älteren Kirchenbauten sind so gestaltet, dass man vom Haupteingang an der Westfront direkt zum Allerheiligsten sieht, das in der Mitte der Apsis platziert ist. Dort findet sich immer ein Kreuz, oftmals darüber eine Dreifaltigkeitsdarstellung, die den Vater als Schöpfer der Welt darstellt, den Sohn als Thronenden zur Rechten des Vaters, der den Tod besiegt hat, und den Geist als Taube in einem Kranz aus hellen Licht. Christus ist gegenwärtig in der Eucharistie, im Tabernakel, er hat die Welt durch das Kreuz versöhnt und herrscht mit dem Vater und dem Geist in Ewigkeit. Die gottesdienstliche Feier lässt uns ein Stück Himmel auf Erden erfahren. Wenn sich an manchen Stellen – etwa beim Allgemeinen Gebet der Gläubigen, den Fürbitten, oder bei den Kyrie-Rufen – die ganze Gemeinde mit dem Vorsteher in einer symbolischen Geste Gott zuwenden würde, könnte das deutlicher werden.

Im deutschen Sprachraum gibt es eine reiche Kirchenliedtradition, die bis ins späte Mittelalter zurückreicht. Vielfach ist es üblich, nur wenige Strophen zu singen, meist die ersten zwei oder drei. Dann aber entfallen die letzten Strophen, die in vielen Liedern die Hoffnung auf die Vollendung thematisieren. Ein wenig Sensibilität für diese Texte würde das Bewusstsein, dass wir in Hoffnung auf Gott zugehen, stärken.

Der Gottesdienst, insbesondere die Eucharistie, ist nie nur eine Angelegenheit der oft kleinen Gruppe, die sich zusammengefunden hat, sondern immer Feier der ganzen Kirche. Deshalb werden im Hochgebet der Bischof als Repräsentant der Ortskirche und der Papst als Repräsentant der Gesamtkirche gemeinsam mit Namen genannt, um diese Einheit zu zeigen. Aus diesem Grund betet die versammelte Gemeinde im Allgemeinen Gebet der Gläubigen, den Fürbitten, für die Anliegen der ganzen Kirche und der ganzen Welt. Die irdische Kirche auf der ganzen Welt feiert außerdem gemeinsam mit der himmlischen Kirche. Aus diesem Grund werden im Hochgebet Maria und die Heiligen genannt. Im ersten Hochgebet, dem sogenannten römischen Messkanon, werden vierzig Heilige aufgezählt, beginnend mit Maria, der Gottesmutter, und den zwölf Aposteln (Josef, der Bräutigam Marias, wurde erst von Papst Johannes XXIII. eingefügt; er muss für diese Rechnung mit Maria gemeinsam nur als eins gezählt werden). Vierzig ist die Zahl der Fülle, vier multipliziert mit zehn. Gemeint sind also alle Heiligen, die bekannten und die unbekannten. Sie repräsentieren die Fülle der Heiligen, die im Himmel sind, die 144.000, von denen die Offenbarung spricht. All diese feiern jetzt mit uns gemeinsam die Eucharistie, die große Danksagung, vor Gott, dem Herrn, im Himmel und auf Erden.

Jede Feier ist im Wochenplan mit einer bestimmten Beginnzeit versehen, doch durchbricht Liturgie immer die irdische Zeitlinie. Sie fängt nicht erst an, wenn der Vorsteher ein Kreuzzeichen macht, sondern schon viel früher, wenn Gott die Gemeinde zusammenruft und sie sich versammelt. Sie findet im Hier und Heute statt, bezieht sich aber immer auf das Heil, das schon geschehen ist, und macht es gegenwärtig. Die Lesungen aus der Heiligen Schrift sind nicht einfach Informationen oder lehrreiche Erzählungen, sondern nehmen uns in die Heilsgeschichte hinein. Sie eröffnen die Möglichkeit, sich selbst im Zuspruch Gottes wiederzufinden. Das Hochgebet ist eine Erinnerung an das geschehene Heil, das damit gegenwärtig wird. In der Wandlung von Brot und Wein zu Leib und Blut Christi wird auch die Gemeinde verwandelt. Das alles geschieht heute; deshalb heißt es etwa am Gründonnerstag bei der Erinnerung an die Abendmahlsworte im dritten Hochgebet: »Denn in der Nacht, da er verraten wurde – *das ist heute* –, nahm er das Brot ...« In der Liturgie wird der lineare Zeitablauf durchbrochen auf die Begegnung mit Gott hin, sie macht die Ewigkeit Gottes gegenwärtig.

Das Stundengebet der Kirche strukturiert die Zeit auf Gott hin; mit Morgengebet (Laudes), Abendgebet (Vesper), Nachtgebet (Komplet) gibt es dem Tag eine Ordnung. Gleichzeitig ordnet es den ganzen Tag und damit das Leben der Betenden auf Gott hin. Die letzte Gebetszeit schließt mit dem Lobgesang des Simeon, der Gott dafür preist, dass er das Heil in Jesus noch sehen durfte vor seinem Tod, den er jetzt in Frieden annehmen kann (Lk 2,29–32). Und der Segen vor dem Schlafengehen lautet: »Eine ruhige Nacht und ein gutes Ende gewähre uns der allmächtige Herr« (Segen in der Komplet).

Liturgie, Gottesdienst, insbesondere die Eucharistie wird immer vor Gott, im Himmel, gefeiert. Deutlichster Ausdruck ist das dreimalige *Heilig* nach der Präfation. Die Berufungsgeschichte des Propheten Jesaja beginnt mit einer Vision. Er sieht Gott auf einem Thron, umgeben von Himmelswesen, den Serafim. Diese rufen einander und Gott jubelnd zu: »Heilig, heilig, heilig ist der HERR der Heerscharen. Erfüllt ist die ganze Erde von seiner Herrlichkeit« (Jes 6,3; vgl. Offb 4,8). In diesen himmlischen Gesang stimmt die feiernde Versammlung mit ein, wenn sie »Heilig« singt. Das Sanctus erhebt die Kirche in die Gegenwart Gottes, in den Himmel. Zugleich wird ein Stück Himmel auf Erden erfahrbar. Das Sanctus sollte daher immer gesungen werden; gesprochen ist die Verbindung zur himmlischen Liturgie nicht deutlich.

Vor dem Evangelium – eigentlich als Gesang zur Prozession mit dem Evangeliar, dem Buch, das die vier Evangelien für die Verkündigung enthält – wird *Halleluja* gesungen. Das Wort bedeutet: Lobet den HERRN! Einige Psalmen beginnen so, die großen Lobpsalmen (Ps 146–150). Die betende Gemeinde ruft sich selbst, alle Menschen und den ganzen Kosmos zum Lobpreis Gottes auf. So wird es auch in der Eucharistiefeier gesungen (und möglichst nicht gesprochen). Christus, der im Evangelium verkündet wird, ist der König, der eschatologische Herrscher über die Welt. Daher preist ihn die Offenbarung mit dem Wort »Halleluja« (Offb 19,6).

Jeder Gottesdienst hat eine solche eschatologische Dimension. Zu manchen Zeiten wird das besonders deutlich, etwa wenn zu Ostern die Auferstehung und vierzig Tage darauf die Himmelfahrt gefeiert wird. Das Hochfest der Aufnahme Marias in den Himmel am 15. August weist auch auf die Verheißung der leiblichen Auferstehung für uns alle hin. Am 1. November feiert die westliche Kirche das Allerheiligenfest (die Orthodoxie am ersten Sonntag nach Pfingsten). Das Fest erinnert an die große Gemeinschaft derer, die Gott zu sich gerufen hat und die mit der irdischen Kirche gemeinsam feiern. In der Präfation heißt es: »Heute schauen wir deine heilige Stadt, unsere Heimat, das himmlische Jerusalem.« Dort loben mit uns gemeinsam alle Heiligen Gott, die »verherrlichten Glieder der Kirche, die schon zur Vollendung gelangt sind« (Präfation von Allerheiligen).

Am folgenden Tag, dem 2. November, Allerseelen, gedenkt die Kirche aller Verstorbenen. Die letzten Sonntage und Wochentage des Kirchenjahres erinnern an die Hoffnung auf Vollendung, in den Lesungen finden sich eschatologische Texte. Der letzte Sonntag, Christkönig, erinnert daran, dass der Auferstandene mit Gott dem Vater herrscht bis zur Vollendung der Welt. Der Advent, mit dem das neue Kirchenjahr beginnt, ist ebenfalls eschatologisch geprägt; er führt zum Fest der Geburt Jesu und hält die Hoffnung auf seine Wiederkunft lebendig. Advent heißt Ankunft; wir hoffen und erbitten, dass Jesus Christus unter uns gegenwärtig wird, damit wir an seiner Seite sind, »den Platz zu seiner Rechten erhalten, wenn er wiederkommt in Herrlichkeit« (Tagesgebet vom 1. Adventsonntag).

4.
Himmel: Leben in Fülle auf ewig

Die Rede vom Reich Gottes, das auf Erden begonnen hat, aber sich erst erfüllen wird, ist dargestellt in den Bildern vom Himmel, von der Hölle, vom Fegefeuer und vom Jüngsten Gericht, die in den folgenden Kapiteln zu besprechen sind, bevor noch einmal die Auferstehung der Toten in den Blick kommt.

Wenn von der Hoffnung die Rede ist, wird meist vom Himmel gesprochen. Doch steht dabei nicht die kosmologische Bestimmung im Vordergrund. Der blaue Himmel ist eine Illusion, die mit der Streuung des Sonnenlichts durch die Atmosphäre zusammenhängt. Der Himmel selbst ist durchsichtig und zeigt sich eher in der Nacht, wenn der Blick in die Weiten des Weltalls möglich ist. Dann ist der Himmel schwarz. Doch ist die Atmosphäre für uns Menschen wichtig. Sie enthält die Atemluft, die zum Leben notwendig ist, und umhüllt den bergenden Raum des Lebens. Nebenbei hält sie auch noch schädliche Strahlungen fern. Unter dem Himmel ist also gut leben. Die Wolken, die im Himmel gebildet werden, ermöglichen den Regen, der das lebenspendende Wasser über die Erde verteilt. Der Himmel wird zu Recht als schützend und beruhigend wahrgenommen. Im Himmel oder über dem Himmel kann man nicht leben. Wie kann man den Himmel dann als Ort Gottes denken? In der Religion und insbesondere in der Heiligen Schrift ist »Himmel« ein Bildwort.

4.1 Kleine Kulturgeschichte des Himmels

Eine kleine Kulturgeschichte der Himmelsvorstellungen zeigt unterschiedliche Vorstellungen von einem Jenseits oder einem Ort, an dem die Toten wohnen. Im Alten Orient wie auch im griechischen und römischen Denken sind sie wenig konkret gezeichnet. Bei den Ägyptern leben die Toten in einem fernen Land im Westen. In der griechischen Mythologie kommen alle in die Unterwelt, wo sie je nach Geschick entweder unglücklich am Rand, im *Limbus,* bleiben, im *Tartaros* bestraft oder im *Elysium* belohnt werden. Platon weist den guten Seelen nach dem Tod einen Ort in der »oberen«, der wahren Welt zu. Die bösen Seelen hingegen sollen unten im Innern der Erde bestraft werden.[63] Hier entsteht also die Sicht, die sich bis heute hält: dass der Himmel als Ort der Seligkeit »oben« ist, die Hölle, wo die Strafen vollzogen werden, hingegen »unten«.

In der Bibel Israels finden sich wenige Spekulationen über ein Leben im Jenseits. Es gibt einige vorsichtige Vorstellungen vom Leben jenseits der Unterwelt, der *Scheol,* vom Ruhen im Schoß der Väter. Erst die Entwicklung der Apokalyptik, die von einem »Danach« spricht, eröffnet neue Wege des Denkens. Der Himmel wird dann zum Reich, in dem Gott herrscht, wo es keine Not und kein Leid mehr gibt, sondern Herrlichkeit und

Seligkeit. Die Vorstellung vom Paradies, die zunächst Teil der Schöpfungstheologie ist, wird nun in die Eschatologie verlagert und kann in Verbindung mit der griechischen Philosophie den jenseitigen Aufenthaltsort der unsterblichen Seele meinen. Und der Himmel, in der Kosmologie Grenze des bergenden Raumes, wird auch zum Ort des Wohnens Gottes, der Herr des Himmels und der Erde ist.

Im Islam sind die Vorstellungen vom Himmel detailreich. Gott, der Eine und Einzige, thront über der Welt und über vielen Himmeln; der oberste davon ist das Paradies, der Ort der Seligkeit, in dem die Menschen Gott näher sind als alle anderen. Trotzdem bleibt die Transzendenz Gottes immer noch gewahrt. Die christlichen Ausmalungen beginnen erst im Mittelalter. Dabei spielen auch persönliche und individuelle Aspekte eine große Rolle. Der Himmel wird zum Ort der ewigen Glückseligkeit, die bei Augustinus als *visio Dei,* als Gottesschau, im Mittelalter als *visio beatifica,* als beseligende Schau verstanden wird. Immer mehr werden die Vorstellungen theozentrisch verstärkt. Erst in der Neuzeit, mit dem Siegeszug der Erfahrungswissenschaften und dem Zerbrechen des antiken Weltbilds, verlieren die Himmelsbilder langsam an Bedeutung.[64]

4.2 Biblische Bilder

Im biblischen Weltbild steht der Himmel – oder in der Mehrzahl: die Himmel – für die Grenze jenes bergenden Raumes, den Gott der Welt eröffnet, damit sie sich zum Heil der ganzen Schöpfung entfalten kann. Über dem Himmel sind die Urwasser, die das Leben des Menschen bedrohen. Unter dem Himmel sind wir Menschen davor geschützt und sicher. Im Buch Genesis heißt es, Gott sprach: »Es werde ein Gewölbe mitten im Wasser und scheide Wasser von Wasser. Gott machte das Gewölbe und schied das Wasser unterhalb des Gewölbes vom Wasser oberhalb des Gewölbes. Und so geschah es. Und Gott nannte das Gewölbe Himmel« (Gen 1,6–8).

Das Wohnen unter dem Himmel bedeutet sicheres Leben. Die reiche, unbefangene Bildsprache der Bibel kann das mit einem anderen Bild verbinden, mit der Vorstellung von Gott, der über dem Himmel, über den Chaoswassern thront und mit seinem Hofstaat von dort alles regiert. Daher muss das Wohnen im Himmel, wo Gottes Wohnung ist (Dtn 26,15), der Tempel des HERRN (Ps 11,4), noch wunderbarer sein. Himmel und Erde sind die unterschiedlichen Orte für Gott und die Menschen, denn »Der Himmel ist Himmel des HERRN, die Erde aber gab er den Menschen« (Ps 115,16). Der Himmel ist nicht erreichbar, weil er der Ort Gottes ist. Doch es kann eine Aufnahme in den Himmel für die geben, die Gott besonders nahe sind (Elija nach 2 Kön 2,1.3.5.11; Henoch nach Gen 5,24). Die Hoffnung auf ein Leben nach dem Tod findet sich in einigen Schriften vorgezeichnet, ohne dass vom Himmel die Rede ist: »Gott wird mich loskaufen aus dem Reich des Todes, ja, er nimmt mich auf« (Ps 49,16; vgl. Weish 3,1–9; 5,15–16). Der Glaube an ein Leben nach dem Tod im Himmel, bei Gott, scheint erst in späteren

Schichten der Bibel Israels auf, während vorher der Gedanke verbreitet war, dass die Toten in der *Scheol* ihren Aufenthaltsort haben.

Neuere Interpretationen verbinden diese beiden Modelle mit unterschiedlichen Lebensweisen. Während die bäuerliche Bevölkerung, die das eigene Ackerland bestellte, die Toten in der Unterwelt sah, hatten die Leviten, die kein Land besaßen, sondern Viehzucht betrieben, einen Himmelsglauben. Ein Zeugnis davon bietet Psalm 73. Der Text ist nicht ganz einfach. In der Einheitsübersetzung lautet er: »Du leitest mich nach deinem Ratschluss, danach nimmst du mich auf in Herrlichkeit« (V. 24). Diese Hoffnung hat Bedeutung für das Leben hier: »Wen habe ich im Himmel außer dir? Neben dir erfreut mich nichts auf Erden. Mag mein Fleisch und mein Herz vergehen, Fels meines Herzens und mein Anteil ist Gott auf ewig« (V. 25–26). »Himmel« bedeutet, Gemeinschaft mit Gott zu haben, beim Herrn geborgen zu sein. In späterer Zeit wird das Bewusstsein, dass Gott allein das Ziel des Menschen ist und das Heil nicht hier auf Erden liegen muss, zur Trostbotschaft, die in der Erfahrung mit Jesus Christus ihre Erfüllung findet.

Das Neue Testament setzt die Himmelsvorstellungen der hebräischen Bibel selbstverständlich voraus und thematisiert sie nicht eigens. Bei der Erzählung von der Himmelfahrt Jesu erscheint der Himmel als der Ort, wo Jesus sein Reich errichtet und mit dem Vater gemeinsam herrscht. Doch die kosmologischen Aspekte treten in den Hintergrund. Die Grundbotschaft, das Evangelium, das Jesus verkündet, ist, dass das Reich Gottes nahe ist, ja, dass es in Jesus selbst schon angebrochen ist. Für Matthäus ist das Reich Gottes gleichbedeutend mit dem Reich der Himmel. Die Krankenheilungen und Dämonenaustreibungen Jesu sind Zeichen dafür, dass Gott schon auf Erden regiert (vgl. Lk 11,20); das bedeutet, der Himmel ist nahegekommen. Mit der Erfahrung des Heils ist auch die Hoffnung auf das Leben nach dem Tod verbunden. Jesus selbst sagt von sich: »Ich bin die Auferstehung und das Leben« (Joh 11,25). Die Begegnung mit ihm schenkt Leben schon auf Erden, wie etwa an der Erweckung des Lazarus deutlich wird (Joh 11,1–46).

Für das Leben nach dem Tod werden viele verschiedene Bilder verwendet. Jesus verspricht dem rechten Schächer: »Amen, ich sage dir: Heute noch wirst du mit mir im Paradies sein« (Lk 23,43). Das Wort Paradies stammt vom persischen *pardes*, Garten, und bedeutet, mit Gott in friedlichem Einklang zu leben, so, wie Adam und Eva vor dem Sündenfall im Paradies in Harmonie mit Gott, miteinander und mit der Natur lebten. Es geht nicht nur um das nackte Leben, sondern um Leben in Fülle, das mit Jesus angebrochen ist. Das findet sich wieder, wenn vom Himmel im Bild des Hochzeitsmahls gesprochen wird (vgl. Mt 22,1–10; 25,1–13) oder von der Neuen Stadt (Offb 21,9–22,5), dem himmlischen Jerusalem (Offb 3,12; Gal 4,25f; Hebr 12,22). Die Stadt ist Ort der Sicherheit vor den Feinden und dort, wo das Zusammenleben in der Stadt gelingt, ist echter Friede auf Erden möglich.

Die Vollendung wird in der Offenbarung als Sieg geschildert. Dem Sieger wird ein neuer Name versprochen (vgl. Offb 2,17).

Gott gibt den Menschen immer dann neue Namen, wenn das Heil an ihnen sichtbar wird. Damit ist die persönliche Zuwendung Gottes zu den Menschen angezeigt. Wer einen neuen Namen von Gott erhält, die oder der wird sich persönlich und auf einmalige Weise von Gott erkannt, angenommen und geliebt erfahren. Diese Liebe freilich kann nur dort sein, wo auch eine neue Gemeinschaft entsteht, in der die von Gott Erwählten einander aufrichtig zugetan sind in Freiheit und Respekt. So meint der Himmel im biblischen Verständnis die Gemeinschaft derer, die von Gott angenommen sind und mit ihm in Frieden ein Leben in Fülle führen können.[65]

4.3 Himmel als Hoffnung auf Erden

Die Rede vom Himmel will keine Aussagen über Orte und Zeiten machen, sondern versucht, das menschliche Dasein aus dem Glauben und der in Christus grundgelegten Hoffnung heraus tiefer verstehen zu lassen. So wird die Rede vom Himmel auch zu einer starken Triebfeder, die das Leben auf Erden verändert.

Wer als Christin oder Christ die Botschaft vom noch ausstehenden ewigen Leben ernst nimmt, wer um den Himmel als Ort der Seligkeit weiß, wird mit dem menschlichen Leben ganz anders umgehen als einer, der nur das Irdische kennt. Im Brief an Diognet, einem frühchristlichen Text, heißt es über die Gemeinde der Gläubigen: »Sie bewohnen ihr jeweiliges Vaterland, aber nur wie fremde Ansässige; sie erfüllen alle Aufgaben eines

Bürgers und erdulden alle Lasten wie Fremde; jede Fremde ist für sie Vaterland und jede Heimat ist ihnen Fremde.«[66] Wer so als Christ in der Welt lebt, wird das Christsein nicht für sich allein, als Selbstzweck, leben, sondern versuchen, auf dem eigenen Platz in der Welt das Mögliche zu tun, ohne aber deshalb ängstlich immer wieder um sich zu blicken, ob sie oder er nicht etwas Besseres versäumt. Die Menschen, denen bewusst ist, dass das eigentlich Bessere noch aussteht, dass es noch etwas anderes gibt, was in Christus schon verheißen ist, werden sich grundsätzlich anders verhalten als die individualistischen Rationalisten, von denen schon die Rede war. Sie werden das Leben nicht nur vom möglichen Verlust her verstehen, sondern voll Vertrauen in die Zukunft gehen.

In der finsteren Zeit der nationalsozialistischen Herrschaft in Deutschland waren es Lieder, die Himmelsbilder in sich trugen, die den Christen Kraft gaben, auch in Ablehnung und Verfolgung zum Glauben zu stehen. Eines davon, im Jahr 1935 gedichtet von Georg Thurmair († 1984) mit einer Melodie von Adolf Lohmann († 1983), findet sich im Gotteslob.[67] »Wir sind nur Gast auf Erden«, so beginnt es scheinbar harmlos und mit einem Blick auf ein entrücktes Jenseits, denn das irdische Leben ist eine rastlose Wanderung zur ewigen Heimat, die scheinbar ganz woanders ist. Die Wandernden sind einsam, doch gibt ihnen Christus Geleit. In der vierten Strophe wird gewarnt, nicht andere Wege zu gehen, die vielleicht bessere Ziele verheißen, außerhalb dieser Welt. Sie können verlockend sein, sodass man den Weg »zum Vaterhaus«, zu Gott, verliert. Schließlich wird

Gott um das Licht gebeten, das in der Finsternis den Weg zeigt, denn nur »dann finden wir nach Haus«. Das Lied mag auf den ersten Blick nach Vertröstung klingen, weil es so gar keinen politischen Anspruch zu haben scheint. Doch der Kontext zeigt das politische Potential auf. Welcher Führung soll ich mich, mein Leben anvertrauen? Wo finde ich die Heimat für meine Seele? Die vermeintlichen Heilsbringer sind entlarvt. Sie suchen den Himmel auf Erden, in einem ideologischen System, das den perfekten Menschen auf Erden in der perfekten deutschen Gesellschaft hervorzubringen sucht. Stattdessen wird hier mit dem Wegmotiv festgehalten, dass Christen ihr Ziel in Christus, ihrem Herrn, suchen.

Die Begräbnisliturgie sieht einen Gesang, eine sogenannte Antiphon, aus dem siebten/achten Jahrhundert vor. Im Mittelalter war sie Teil der Sterbeliturgie. Heute wird sie gesungen, während der Sarg zum Grab getragen wird, oder kurz davor. Die Prozession zum Grab wird damit als Weg ins Paradies, zum Himmel, zum ewigen Leben gedeutet. Der oder die Tote wird in der himmlischen Gemeinschaft empfangen von den Engeln und Märtyrern, wird geführt in die Stadt Jerusalem in Gemeinschaft mit dem armen Lazarus (vgl. Lk 16,19), der nur in der lateinischen Fassung genannt wird, und wird von Jesus Christus das ewige Leben erhalten.

Zum Paradies mögen Engel dich geleiten,
die heiligen Märtyrer dich begrüßen
und dich führen in die heilige Stadt Jerusalem.

Die Chöre der Engel mögen dich empfangen,
und durch Christus, der für dich gestorben,
soll ewiges Leben dich erfreuen.[68]

Wie in diesem tröstlichen Gesang findet sich in der ganzen Heiligen Schrift die Hoffnung auf Rettung und Vollendung mit reichen Bildworten ausgedrückt.[69] Der Himmel als bergender Raum und als Ort Gottes ist den Menschen als Ziel verheißen. Dabei stehen nicht räumliche oder zeitliche Kategorien im Vordergrund. Vielmehr ist damit die Teilhabe der Schöpfung und der Menschen an der Herrlichkeit Gottes ausgesprochen. Der bergende Raum wird zum Ort der Begegnung, der Gottunmittelbarkeit. Daher ist in der theologischen Tradition von der Gottesschau die Rede.

Der Gedanke der Gottesschau geht auf eine Erzählung aus dem Buch Exodus zurück (24,9–11). Nach dem Bundesschluss steigt Mose mit den siebzig Ältesten Israels und einigen anderen auf den Berg Sinai, »und sie schauten den Gott Israels« (V. 10). Das Volk Israel ist jetzt so mit Gott verbunden, dass die Vertreter Gott schauen können, was sonst nicht möglich ist, ohne zu sterben. Doch von ihnen heißt es: »Gott streckte seine Hand nicht gegen die Vornehmen der Israeliten aus; sie durften Gott schauen und sie aßen und tranken« (V. 11).

In der spätantiken und mittelalterlichen Theologie wird dieser in der Bibel recht konkret vorgebrachte Gedanke abstrakter gefasst und an Platons Idee von der Schau der Wahrheit orientiert. Dann bedeutet sie eine unmittelbare, alle Vorstellungen übersteigende persönliche Begegnung mit Gott, die den Inbegriff der Seligkeit darstellt. Augustinus spricht von der *visio Dei,* von der Schau Gottes, Begegnung mit Gott selbst. Sie ist nur deshalb möglich, weil Gott die Menschen schon gesehen und erkannt hat. Es ist eine innere Schau des Herzens. Momente des Glücks auf Erden sind schon Vorauserfahrungen der beseligenden Schau, der *visio beatifica,* wie er sie für die Vollendung erwartet.[70]

Der Himmel ist Gott, der mir in der Vollendung begegnet. Gott zu begegnen in der Vollendung bedeutet, Anteil zu haben am Dreifaltigen, in die Liebe von Vater, Sohn und Geist mithineingenommen zu werden. Gott will sich uns selbst schenken. So ist der Inbegriff von Himmel, das Gott »alles in allem« sein will (1 Kor 15,28 wörtlich). Die biblischen Bilder machen deutlich, dass Himmel Leben in Fülle bedeutet. Das Fest, das Hochzeitsmahl steht für ausgelassene Freude, für ein Leben in der Freude der göttlichen Gegenwart, ewiges Leben als ewiges Sein in der Gegenwart Gottes. Wo auf Erden Leben in Fülle erfahrbar ist, kann ein Stück Himmel erspürt werden. Das Fest führt weiter zur himmlischen Liturgie. Das Fest ist Gottesdienst, und umgekehrt ist jeder Gottesdienst immer schon Anteil am himmlischen Gottesdienst, wie schon gezeigt wurde.

Die neue Stadt, das himmlische Jerusalem zeigt eine Friedensordnung an. Himmel bedeutet *Schalom,* ewigen Frieden; er ist daher nicht individualistisch denkbar, sondern als eine neue Gesellschaft, die ihre Ordnung von Gott her hat, wo alle Menschen im Guten stehen und daher im Frieden miteinander leben können. Himmel ist das schlechthin Neue, die Initiative Gottes, seine Ordnung, Gott selbst, der die Menschheit und die Schöpfung in sich vollenden will. Himmel hat daher eine persönliche, eine gemeinschaftliche und eine kosmische Dimension. Gott wird jede und jeden Einzelnen, die ganze Menschheit und die ganze Welt vollenden.

4.4 Glaube und Science-Fiction

Der Himmel im modernen Verständnis ist nicht mehr der bergende Raum, sondern in die Unendlichkeit entgrenzt. Über der Erdatmosphäre eröffnet sich der unendliche Weltraum, den zu erforschen zu den großen Träumen der modernen Menschheit gehört. Sie möchte Gegenden erobern, »wo nie zuvor ein Mensch gewesen ist«. Diese Wendung ist der beliebten Fernsehserie »Star Trek« (in der deutschen Fassung »Raumschiff Enterprise«) entliehen. Diese Serie aus den 1960er-Jahren mit all den dazugehörigen Spielfilmen und Nachfolgeserien[71] hat in der westlichen Welt auch unser Verhältnis zum Weltraum entscheidend geprägt. Freilich enthalten Filme und Bücher aus der Science-Fiction immer eine Botschaft für die Gegenwart, der – verpackt in der Rede von fremden Welten und Kreaturen – ein Spiegel vorgehalten wird.

Gene Roddenberry († 1991), der ursprüngliche Autor der Serie, hatte eine sehr starke humanistische Ausrichtung, die er auch in die Serie hineinpackt, mehr noch in den zweiten

Teil »The Next Generation« als in die erste Serie. Der Mensch steht im Mittelpunkt. Jeder und jede Einzelne soll sich ganz und gar entfalten können bis an die Grenze der eigenen Möglichkeiten. Gerade die Außerirdischen zeigen dabei einzelne menschliche Eigenschaften auf. Der Vulkanier *Mister Spock* etwa steht für Logik; der Androide *Data,* ein menschenähnlicher Roboter aus »The Next Generation«, hingegen sucht nach dem echten Menschsein und besonders nach Emotionen; *Seven of Nine* (aus »Raumschiff Voyager«), die weibliche Borgdrohne, eine Frau, die als Kind entführt und zu einer Maschine als Teil eines Kollektivs gemacht, dann aber von der Besatzung des Raumschiffs gerettet wurde, sucht nach Individualität, Liebes- und Leidensfähigkeit, aber auch nach Akzeptanz der eigenen Endlichkeit. So bearbeitet die Serie immer wieder menschliche Grundfragen. Entstanden in der Zeit des Kalten Krieges, der atomaren Bedrohung und des Rassenwahns in den Vereinigten Staaten, erzählt Roddenberry von einer perfekten Gesellschaft in der Enterprise, die von Frieden, gegenseitigem Respekt und Verständnis geprägt ist. Die Enterprise ist auf der Suche nach neuen Welten. Jede neue Entdeckung in den bisher unbekannten Welten macht deutlich, wie eine gewaltfreie Übereinkunft den ganzen Kosmos menschlicher machen kann. Religion kommt in diesem Konzept nicht vor, oder wenn, dann als »vormoderne« Denkweise, die Menschen unterdrückt und folglich von einer vernünftigen Weltsicht zu überwinden ist. In den einzelnen Folgen findet sich immer wieder mehr oder weniger versteckte Religionskritik, die aus Roddenberrys eigener

Weltanschauung gespeist wurde. Das Anliegen, Grundfragen zu thematisieren und für ein friedliches Miteinander zu werben, bleibt freilich.[72]

Von 1977 bis 2005 erschienen die von George Lucas erfundenen und realisierten beiden Trilogien »Star Wars« (»Krieg der Sterne«), denen in den Jahren 2015 bis 2019 noch eine weitere Trilogie folgte, die die nächste Generation von Jedi-Rittern vorstellt. Sie sprechen zwar auch nicht explizit von Religion, haben aber zu religiösen Motiven ein deutlich positiveres Verhältnis. Ja, man versteht die Serie insgesamt nicht, wenn man nicht bereit ist, religiöse und mythische Motive aufzunehmen. Das Grundmotiv der ganzen Reihe ist die Auseinandersetzung zwischen Gut und Böse, die Luke Skywalker zu bestehen hat. Er ist auf dem Wüstenplaneten Tatooine aufgewachsen und wird dort berufen. Aber er wehrt sich zunächst dagegen; erst langsam erkennt er, dass ihm die Laufbahn des Jedi-Ritters bestimmt ist, und fügt sich in seine Berufung ein. Beides, die Wüste als Ort der Erkenntnis über das eigene Leben und der vorsichtige, ja, zunächst ablehnende Umgang mit der eigenen Berufung, sind biblische Motive. Skywalker heißt wörtlich »der über den Himmel Gehende«, »der auf der Himmelsreise«. Er ist berufen, durch seinen Einsatz die ganze Galaxis aus der Umklammerung durch das Böse, verkörpert in Darth Vader, zu lösen. Am Ende schließlich siegt das Gute nicht durch Gewalt, sondern weil in Darth Vader das Gute, das ihn von Anfang an geprägt hat, wieder die Oberhand gewinnt. Er ist Anakin Skywalker, Lukes Vater, selber ein Jedi, der auf den falschen Pfad, auf die dunkle

Seite der Macht abgeglitten war. Er tötet den Diktator und rettet so seinen Sohn, stirbt dabei aber selbst.

Eine Fülle religiöser Motive findet sich; da ist einerseits die Welt der Jedi-Ritter, die von buddhistischen und stoischen Idealen wie der Beherrschung der Gefühle geleitet ist. Die Kleidung der Jedis erinnert an christliche Orden. Luke (und seine Zwillingsschwester Leia) haben zunächst keinen Vater, er erscheint erst später, Anakins Vater bleibt im Dunkeln. Das Universum braucht Erlösung, die erst mit der großen Auseinandersetzung im Finale erreicht wird. Die toten Jedi leben weiter und bilden mit den lebenden Mitgliedern des Ordens eine Gemeinschaft, die die Zeit überdauert. Schließlich spiegelt sich das Schicksal des ganzen Universums im Leben eines Einzelnen und wird so auch erfahrbar. Damit hat George Lucas einen modernen, programmatischen Mythos geschaffen, der zu allen Zeiten und für alle Menschen zeigen soll, dass sich der Einsatz für den Frieden in der Welt lohnt.[73]

Ist Science-Fiction ein Ersatz für Religion und für die Hoffnung? Oder ist sie, samt den dazugehörigen Fanbewegungen, gewissermaßen eine ins Säkulare gewendete Ersatzreligion? Oder sind die Bücher und Filme umgekehrt quasi religiöse Schriften? All diese Überlegungen scheinen zu weit zu gehen. Das ganze Genre und die große Begeisterung darüber sind wohl kein neues religiöses Phänomen. Vielmehr sind sie Ausdruck tiefsitzender menschlicher Sehnsüchte. Der Blick über die eigene Welt, über das irdische Leben hinaus schärft den Blick auf das eigene Leben. Die Zukunftsvisionen sind Botschaften für heute. Dabei können sie christliche Motive aufnehmen, die aus einer tiefen Gotteserfahrung stammen. Freilich werden diese Motive damit auch transformiert und können bisweilen befremdlich erscheinen. Doch insgesamt zeigen die genannten Werke wie auch viele andere ein grundsätzliches Vertrauen in die Menschheit, in die Geschichte und in die Hoffnung, dass die Welt auf ein Ziel zugeht.

5.
Hölle: die Möglichkeit des Scheiterns

Steht der Himmel im Zusammenhang mit dem geglückten Leben, so wird mit dem Begriff Hölle das endgültige Scheitern angesprochen. Die kirchliche Lehre ist eindeutig: Es ist möglich, den Sinn des Lebens absichtlich zu verfehlen. Man kann sich dem Willen Gottes auch endgültig und völlig versperren. Doch ist hier Vorsicht angebracht, um nicht in das Extrem einer rigorosen Vorentscheidung über die »Bösen« und die »Guten« auf der einen Seite oder einer vermeintlichen Großzügigkeit, die letztlich in der Gleichgültigkeit gegenüber der Freiheit und den menschlichen Handlungen endet, auf der anderen Seite zu verfallen. Die Analyse beginnt in der Heiligen Schrift.

5.1 Scheol und Gehenna

Die Heilige Schrift kennt zwei Orte für die Toten. Während Gott im Himmel – über der Welt – wohnt, ist der Aufenthaltsort der Toten die »Unterwelt«, die *Scheol,* griechisch der *Hades.* Die Scheol als Aufenthaltsort aller Toten, als Ort für die Seelen der Gerechten und der Sünder (äthiopisches Henochbuch 22) wird erst später zum Strafort der Sünder (äthHen 64,10; Weish 2,1). In der jüdischen Apokalyptik wird die *Gehenna* (hebr. *gen hinnom,* Tal des Hinnom), die zuvor als Ort der Toten verstanden wurde, zum Ort der Feuerhölle beim Endgericht. Das Hinnomtal ist eine schmale Schlucht am Fuß des Zionsbergs, auf dem Jerusalem liegt (vgl. Jos 15,8). Es findet sich in den Geschichtsbüchern mehrfach. In der Königszeit sollen dort dem Moloch Kinderopfer dargebracht worden sein, die der Prophet Jeremia verurteilt (Jer 19,6). Bei Jesaja findet sich die Prophezeiung: »Sie werden hinausgehen und die Leichen der Männer sehen, die mir abtrünnig geworden sind« (Jes 66,24). Das wird zur Zeit Jesu auf das Hinnomtal hin verstanden (vgl. Mk 9,43–48). All das sind recht späte Vorstellungen des Judentums, die zur Zeit Jesu weite Verbreitung gefunden haben.

Jesus spricht oftmals von der Hölle (Mt 5,22; 5,29–30; Mk 9,43; Mt 10,28; Lk 12,5; Mt 18,9; Mk 9,47; Mt 23,15.33). Der Hades ist als Ort der Bestrafung des reichen Prassers dargestellt, während der arme Lazarus in Abrahams Schoß ruht (Lk 16,23), oder als Ort der Verwerfung, die den galiläischen Städten droht (Mt 11,23; Lk 10,15). Sonst kommt die Hölle im Neuen Testament nur im Jakobusbrief vor (Jak 3,6). Die erste Bedeutung von Hades geht zwar nicht ganz verloren, hat aber zur Zeit Jesu wenig Bedeutung, während die Hölle als Ort der Strafen für die irdischen Verfehlungen sehr präsent ist.

Wie ist das zu deuten? Vom biblischen Verständnis her fällt es schwer, anzunehmen, irgendeines der guten Geschöpfe könne mit Gottes Zustimmung verlorengehen. Zu viele Gleichnisse erzählt Jesus, in denen jedem nachgegangen wird: das Gleichnis vom barmherzigen Vater, der den verloren geglaubten Sohn wieder aufnimmt und ein Fest feiern lässt (Lk 15,11–32); vom hundertsten Schaf, für das der Hirte neunundneunzig zurücklässt und es sucht (Mt 18,12–14; Lk 15,4–7); oder das Gleichnis von der verlorenen Drachme, für die der Besitzer den ganzen Acker umgräbt (Lk 15,8–9). Jesus schließt diese Gleichnisse mit den Worten: »Ebenso, sage ich euch, herrscht bei den Engeln Gottes Freude über einen einzigen Sünder, der umkehrt« (Lk 15,10).

Auf der anderen Seite gibt es eine Reihe von deutlichen Schriftworten, in denen davon die Rede ist, dass es nicht leicht ist, dem zu entsprechen, was Jesus von seinen Jüngern verlangt, um so ins Reich Gottes zu kommen. Berühmt ist Jesu Hinweis, dass eher ein Kamel durch ein Nadelöhr geht, als dass ein Reicher in den Himmel kommt (Mt 19,24 par). Zur Nachfolge gehört Radikalität. Daher heißt es: »Keiner, der die Hand an den Pflug gelegt hat und nochmals zurückblickt, taugt für das Reich Gottes« (Lk 9,62). Am Ende der Bergpredigt sagt Jesus ein deutliches Wort, das so ganz und gar nicht zu den obigen Stellen passen will: »Geht durch das enge Tor! Denn weit ist das Tor und breit der Weg, der ins Verderben führt, und es sind viele, die auf ihm gehen. Wie eng ist das Tor und wie schmal der Weg, der zum Leben führt, und es sind wenige, die ihn finden« (Mt 7,13–14).

Diese Worte aus dem Evangelium sprechen den eigenen Lebensentscheidungen höchste Bedeutung zu. Gott nimmt ernst, was die Menschen tun und wie sie sich entscheiden. Wenn das Misslingen der Freiheit, also die Sünde, wirklich großes Gewicht hat, dann ist das konsequent. Es kann nicht sein, dass das Böse schließlich den Sieg davonträgt, indem unterschiedslos jeder gerettet wird. Was würde mit all dem Leid und all dem Bösen, das Menschen anderen angetan haben, passieren, wenn der Leidende und der Peiniger im Himmel unterschiedslos nebeneinanderstehen? Wie kann man dann noch von der Freiheit des Menschen reden, würde Gott ohnedies jeden retten, gleich, ob er dies in Freiheit wollte oder nicht?

Darüber, was die Hölle ist und worin die Strafen der Hölle bestehen, hält sich das Neue Testament zurück. Sie ist das »Strafgericht« über die Sünder und Verlorenen (Mt 23,33), der Ort der Strafe, des nie erlöschenden Feuers (Mk 9,43). Den, der uns in die Hölle treiben kann, sollen wir fürchten; er ist die Gefahr für das menschliche Leben (Lk 12,5).[74]

5.2 *Kirchliche Aussagen über die Hölle*

Die mittelalterliche Theologie geht von einer leiblichen Auferstehung der Toten aus, nach der die einen, die Geretteten, zur Schau Gottes gelangen, die anderen, die Verlorenen, hingegen zur ewigen Verdammnis. Im Bekenntnis des Kaisers Michael Palaiologos, das beim Zweiten Konzil von Lyon (1274) verlesen wurde, findet sich folgende Passage, die später wieder zitiert wird: »Die Seelen derer aber, die in einer Todsünde oder allein mit der Erbsünde verscheiden, steigen alsbald in die Hölle hinab, werden jedoch mit ungleichen Strafen bestraft.«[75]

Worin die Strafen bestehen, wird nicht gesagt; sie bemessen sich an der Sünde, denn es kann ja nicht sein, dass alle gleich bestraft werden, wenn ihre Sünde unterschiedlich ist. Entscheidend ist hier die Aussage: Die Strafe folgt unmittelbar auf den Tod.

Die Konstitution »Benedictus Deus« von Papst Benedikt XII. († 1342) aus dem Jahr 1336 behandelt hauptsächlich Fragen nach dem Geschick der Toten. Sein Vorgänger Johannes XXII. († 1334) musste seine eigenen Ansichten über die Seligkeit der Geretteten zurücknehmen. Benedikt XII. versuchte, die entstandene Verwirrung mit diesem Text zu klären. Seine Haltung zur Verdammnis entspricht klar und doch vorsichtig den damals weitverbreiteten Ansichten. Als Ursache für die Verdammnis nennt er nur das Sterben »in einer aktuellen Todsünde«. Diese Toten steigen »sogleich nach ihrem Tod zur Hölle hinab« und werden dort »mit den Qualen der Hölle gepeinigt«. Dennoch müssen sie leiblich beim allgemeinen Gericht erscheinen, »um Rechenschaft für ihre eigenen Taten abzulegen«.[76]

Die Frage nach dem Geschick für Leib und Seele wird noch behandelt werden. Die Seelen werden nach diesem Verständnis unmittelbar nach dem Tod unterschieden in jene, die verlorengegangen sind, und die Geretteten. Das muss dennoch mit dem allgemeinen Gericht verbunden werden, vor dem alle Menschen ganz, das heißt in Leib und Seele, erscheinen müssen. Hier ist das Kriterium der Unterscheidung wichtig: Wer in der aktuellen Todsünde stirbt, ist verdammt. Daran fällt zuerst auf, dass von der Erbsünde an dieser Stelle nicht die Rede ist, bewusst ist der Begriff »aktuell« beigefügt. Dann ist aber die Frage zu stellen, was eine Todsünde überhaupt ist. Sie darf nicht mit der schweren Sünde verwechselt werden. Eine Todsünde muss so schwer sein, dass sich der Sünder damit wirklich von Gott abwendet, also eine solche Sünde, die zur Verdammung führt. Freilich ist hier ein Zirkel in der Argumentation enthalten. Die Todsünde wird von der Folge her bestimmt, der Verdammnis, die in der Tradition auch als Tod der Seele bezeichnet wird. Diese Folge ist allerdings im Wort selbst schon enthalten. Worin die Todsünde aber besteht, darüber ist hier nichts gesagt.

Bis ins 20. Jahrhundert sind die wesentlichen Fragen, wer in die Hölle kommt und welches Geschick bzw. welche Strafe den Verdammten droht. Dabei finden sich auch viele höchst detaillierte Darstellungen und Mutmaßungen über die Art der Strafen, ob es physische oder andere Strafen sein könnten. Das ändert sich mit einer mehr personalen Sicht der Letzten Dinge. Das Zweite Vatikanische Konzil behandelt im siebten Kapitel der dogmatischen Konstitution über die Kirche *Lumen gentium* (1964) den »endzeitlichen Charakter der Kirche« und deutet in diesem Zusammenhang einige theologische Grundsätze der Eschatologie. In Artikel 16 von Lumen gentium hatte sich das Konzil positiv über die Heilsmöglichkeiten von Nichtkatholiken, ja, von Nichtchristen geäußert. Daraus entstehen für die Frage nach Himmel und Hölle neue Rahmenbedingungen. Am Ende des ersten Artikels dieses Kapitels heißt es:

> Da wir aber weder Tag noch Stunde wissen, so müssen wir nach der Mahnung des Herrn standhaft wachen, damit wir am Ende unseres einmaligen Erdenlebens (vgl. Hebr 9,27) mit ihm zur Hochzeit einzutreten und den Gesegneten zugezählt zu werden verdienen (vgl. Mt 25,31–46) und nicht wie böse und faule Knechte (vgl. Mt 25,26) ins ewige Feuer weichen müssen (vgl. Mt 25,41), in die Finsternis draußen, wo »Heulen und Zähneknirschen sein wird« (Mt 22,13 und 25,30). Denn bevor wir mit dem verherrlichten Christus herrschen können, werden wir alle erscheinen »vor dem Richterstuhl Christi, damit ein jeder Rechenschaft ablege über das, was er in seinem leiblichen Leben getan hat, Gutes oder Böses« (2 Kor 5,10). Am Ende der Welt »werden die, welche Gutes getan haben, hervorgehen zur Auferstehung des Lebens, die aber Böses getan haben, zur Auferstehung des Gerichtes« (Joh 5,29; vgl. Mt 25,46). (Lumen gentium, Art. 48)

Diese Stelle ist ein Gewebe aus Schriftzitaten, mit denen die kirchliche Lehre über die Hölle vorsichtig und angemessen dargestellt werden soll. Zunächst wird festgehalten, dass wir weder Tag noch Stunde kennen, und ebensowenig, was genau die Hölle ist. Gleich zu Beginn wird die Zielrichtung ausgesagt, die direkt aus dem Evangelium stammt: Christus mahnt zur Wachsamkeit. Die Gleichnisse vom himmlischen Hochzeitsmahl und die übrigen Texte haben performativen Charakter. Sie wollen eine Veränderung in der Haltung bewirken. Die Kirche ist auf dem Weg, der ein Weg der Verantwortung ist. Das menschliche

Leben mit seinen Entscheidungen hat höchsten Ernst. Himmel und Hölle werden mit den biblischen Bildern angesprochen, ohne einen Hinweis auf eine aktualisierende Deutung der Bilder zu geben. Der Satz über Gericht und Verdammnis ist unmittelbar dem biblischen Sprachgebrauch entnommen. Was das genau heißt, »die Gutes getan« und »die Böses getan« haben, bleibt offen. Nicht das Urteil über die anderen steht im Vordergrund, sondern die Mahnung an mich selbst. Dieser Text ist eingebettet in Aussagen zur pilgernden Kirche, zur Kirche auf Erden, die in der Menschheitsgeschichte ihre spezifische Aufgabe für die Welt hat. Die Aussagen über die Vollendung können nicht vom Selbstverständnis der Kirche in der Geschichte getrennt werden.[77]

5.3 Möglichkeit des Scheiterns und Hoffnung auf Erlösung

Die kirchliche Lehre verlangt von den Gläubigen, die Existenz der Hölle und damit die Möglichkeit der ewigen Verdammnis anzuerkennen. Sie verlangt allerdings nicht, konkrete Vorstellungen über die Bestrafung anzunehmen oder von irgendeinem konkreten Menschen zu glauben, er oder sie werde dort bestraft. Ersteres lässt sich aus der Schrift nicht sagen, ja, lässt sich mit unserem irdischen Wissen überhaupt nicht erfassen; das zweite steht auch dem Lehramt nicht zu, denn zu entscheiden, wer gerettet wird oder verlorengeht, wer also in den Himmel oder in die Hölle kommt, ist allein Gottes Angelegenheit. Dementsprechend vorsichtig müssen alle Fragen zur ewigen Verdammnis angegangen werden.

In einem Text aus dem Jahr 1960 schreibt Joseph Ratzinger über die Hölle und ist ein Zeuge für den Wandel in den Höllenvorstellungen im 20. Jahrhundert. Er nennt die Rede von der »Hölle eine anthropologische (und christologische) Grenzaussage über eine Wesensmöglichkeit« des Menschen, der sich frei entscheiden muss. Die Strafe der Hölle sieht er »im Verlust des Inseins in der ewigen Liebe«, also darin, dass der Verlorene sich in sich selbst einschließt und damit an der Möglichkeit der liebenden Begegnung mit Gott vorbeigegangen ist. Damit verschließt er sich auch der menschlichen Gemeinschaft und der Teilhabe am ganzen Kosmos, an der Natur und der Welt. Er verfehlt nicht nur den Sinn seines eigenen Daseins, sondern auch den Sinn der Schöpfung. Die Hölle hat also nicht nur Bedeutung für das jeweilige Individuum, für die Seele.[78] Hier ist keine Rede von einer unerbittlichen Gerechtigkeit Gottes, die Gute belohnt und Böse bestraft, sondern von der Freiheit und von der Verdammnis als extreme Folge davon. Auch werden hier keine physischen Strafen genannt, sondern die Entfernung von Gott, in die sich der Sünder selbst und absichtlich gebracht hat, ist die Strafe. Fertig gedacht, kann es keine schlimmere Bestrafung geben als den Verlust der liebenden Nähe Gottes. Die »Qual« besteht darin, sich gegen das eigene Ziel und das Ziel der ganzen Schöpfung zu stellen. Damit ist gleichzeitig die kosmische Dimension der Hölle hervorgehoben. Es gibt ein Ziel des Ganzen, der Schöpfung insgesamt mit der ganzen Menschheit: die ewige Gemeinschaft mit Gott. Dieses Ziel wird von denen verfehlt, die sich gegen Gott sperren.

Ist die Hölle nur als Möglichkeit für das individuelle Geschick zu denken oder hat sie auch eine universale Dimension? Oder anders gefragt: Hat die Verdammnis von Einzelnen Auswirkungen auf die Errettung der Übrigen? Kann die ewige Seligkeit für irgendjemanden gedacht werden, solange Menschen in ewiger Qual leiden müssen? Hier setzt Hans Urs von Balthasar († 1988) mit seinem berühmten »Kleinen Diskurs über die Hölle« ein. Er betont, dass die Bilder von den schweren Strafen den Gläubigen drastisch ihre Verantwortung deutlichmachen sollen, die aus ihrer Freiheit folgt. Dann aber kommt die heute entscheidende Frage: »Zwingen mich Schrift und Tradition aber auch, aus diesen Gerichtsdrohungen jenseits meiner selbst anzunehmen, dass auch nur *ein anderer* außer mir der Hölle verfallen oder dafür bestimmt ist?« Es steht mir als Mensch nicht zu, einen Menschen in die Hölle gewissermaßen vorzuverurteilen, ja, nicht einmal, ihn oder sie dorthin zu wünschen. Balthasar vermutet: »Wer mit der Möglichkeit auch nur *eines* auf ewig Verlorenen außer seiner selbst rechnet, der kann kaum vorbehaltlos lieben ... Schon der leiseste Hintergedanke an eine endgültige Hölle für andere verführt in Augenblicken, wo das menschliche Miteinander besonders schwierig wird, dazu, den andern sich selbst zu überlassen.«[79] Denn jeder Mensch, der – wenn auch selbstverschuldet – in die Hölle kommt, fehlt in der Gemeinschaft des Himmels, und er fehlt dort anderen Menschen, die ihn lieben. Wer vorbehaltlos liebt, kann nicht einfach zusehen, wie andere unter Strafen leiden, auch wenn sie durch eigene Taten dorthin gekommen sind.

Die Bilder von der Hölle als Strafort für die Verdammten verändert meine Sicht auf mich selbst und auf die anderen. Die Welt ringsum in »Gute« und »Böse« einzuteilen, ist gefährlich und verändert meine Haltung zu den Menschen. Die Rede von der Hölle darf nicht dazu führen, dort eigene Rachegelüste erfüllt zu sehen. Ich habe kein Recht, irgendjemanden in die Hölle zu fordern. Auch über Judas oder Nero, Hitler oder Stalin, Osama Bin Laden oder wen auch immer darf nicht ich das Urteil fällen. Wer in die Hölle kommt, das zu entscheiden steht allein Gott zu. Ich kann und soll nur über die Hölle als Möglichkeit für mein eigenes Versagen nachdenken und das zum Anlass nehmen, mein eigenes Leben zu ändern, damit die Hoffnung auf einen gnädigen Richter auch in meinem Leben Realität ist. Für alle anderen Menschen hingegen darf und soll ich ausschließlich hoffen, dass sie gerettet werden, damit die Schöpfung Gottes zu einem guten Ende kommt.[80]

Die Lehre der Kirche verlangt, die Existenz der Hölle als Möglichkeit für die Menschen anzunehmen. Sie verlangt nicht, irgendjemanden *in* der Hölle anzunehmen. Es ist also möglich und sinnvoll, auf eine leere Hölle zu hoffen, denn das wäre die Garantie für das Gelingen von Gottes Heilsplan für diese Welt. Freilich müssen das alle wollen. Denn die Hölle kann nur dann leer – genauer: ohne Verdammte – sein, wenn es gelingt, alles Leid und Unheil der Welt zu versöhnen, wenn also auch die

Versöhnung mit den Opfern der Gewalt geschieht. Nicht nur die Sünder müssen sich angesichts der Liebe Gottes bekehren, es muss auch zu einer Vergebung durch die Opfer kommen, denen Böses angetan wurde. Umgekehrt heißt Vollendung auch Versöhnung der Getrennten. Doch wie das geschehen kann, ist Teil des Mysteriums von Gottes Heilswirken.

6.
Fegefeuer: Vorbereitung für den Himmel

Was im Deutschen Fegefeuer genannt wird, heißt im Lateinischen »purgatorium«, wörtlich: Reinigungsort. In der Bibel finden sich zu diesem Gedanken nur einige wenige Hinweise. Die katholische Lehre vom Fegefeuer entwickelte sich erst langsam, ausgehend von den Kirchenvätern, insbesondere im Mittelalter. Von der Reformation wird sie aus mehreren Gründen kritisiert; diese und andere Kritik hält bis heute an. Für eine differenzierte Betrachtung gilt es, Vorstellungen aus der Volksfrömmigkeit von theologischen und lehramtlichen Aussagen zu unterscheiden. Dann zeigt sich, dass die Vorstellung vom Fegefeuer zu Recht ein Teil der christlichen Hoffnungsbotschaft ist.

6.1 Die Entwicklung der Idee des Fegefeuers

Die Idee des Fegefeuers geht von der traditionellen philosophischen Vorstellung aus, wonach der Mensch aus Leib und Seele zusammengesetzt ist. Durch den irdischen Tod trennt sich der Leib von der Seele, die dann zum individuellen Gericht kommt. Am Jüngsten Tag, am Ende der Geschichte, werden schließlich auch die Leiber der Menschen auferstehen und wieder mit den Seelen vereinigt. Bis dahin »wartet« die Seele sozusagen. Erst dann ist der Mensch wieder ganz, denn nur mit Leib und Seele ist Leben möglich, und das gilt erst recht für den Höhepunkt des Lebens, das ewige Leben. Doch bringt diese Vorstellung ein Problem hervor. Mit dem Tod hat der Mensch die Zeit und die Geschichte verlassen. Es ist daher nicht sinnvoll, von einer »Zeit« für die Verstorbenen zwischen dem Tod und dem Jüngsten Tag zu reden. Denn, wie Balthasar so eindringlich festhält, auch das Fegefeuer ist ein Modus der Begegnung mit Gott, die im Tod geschieht; es ist keine Zeit und kein Ort. Es sind daher bei der Rede von »Zwischenzeit«, »Zwischenzustand« und »Läuterungsort« die Anführungszeichen immer mitzudenken.

Das erste Motiv ist die Idee des Zwischenzustands zwischen der Auferstehung der Seele zum Zeitpunkt des Todes und der leiblichen Auferweckung am Jüngsten Tag. Zwischen dem Tod und der Auferstehung aller wird die Seele des Menschen geläutert. Anders gesagt, diese »Zwischenzeit« benutzt Gott dafür, die Menschen von allem Unreinen zu reinigen, von aller Sünde, die sie jetzt noch belastet, die es aber nicht wert ist, sie für immer am ewigen Leben zu hindern. Für diese Reinigung wird das Bild vom reinigenden Feuer verwendet, mit dem man etwa Metall von Verunreinigungen trennen kann. Der unverzichtbare Kern dieser Lehre ist der Gedanke, dass der Mensch jetzt noch nicht vollendet ist, und dass ohne Gottes Hilfe das Menschsein und die rechte Entscheidung für ihn nicht gelingen können. Gott vollendet nach dem irdischen Leben das, was am menschlichen Leben noch Stückwerk bleibt. An der Seligkeit kann niemand teilnehmen, der oder die mit sich selbst und anderen nicht im Reinen, nicht versöhnt ist. Das sind Folgen der Sünde, durch die sich die Sünder aber nicht völlig von Gott abwenden.

Das zweite Motiv ist die Vorstellung, dass Gott selbst den Menschen durch die Reinigung für die Seligkeit vorbereitet. Ein solcher Prozess ist freilich nicht ohne leidvolle Momente denkbar. In der mittelalterlichen Terminologie heißt das: Der Mensch, der zwar frei von Todsünde und so prinzipiell mit Gott versöhnt gestorben ist, aber noch »lässliche« Sünden an sich trägt oder die Schuld noch nicht abgetragen hat, muss das nach dem Tod tun. Im Fegefeuer werden also »Strafen« abgeleistet, wobei die »Pein« im Wesentlichen darin besteht, dass die Seele Gott noch fern ist. Der Gewinn für den Menschen ist, dass die Seligkeit danach gewiss ist und sie oder er frei von Schuld auf ewig bei Gott leben kann.

Das Fegefeuer ist von der Verdammnis zu unterscheiden. Auch der Gedanke der Strafe hat hier eine andere Funktion. Die Hölle ist der Ort ewiger Gottferne und so von aussichtsloser Strafe geprägt. Das Fegefeuer hingegen hat eine reinigende Funktion und ist von vornherein als Heilszustand gedacht. Es hat nur einen Eingang, den Tod, und einen Ausgang, die Seligkeit.

Die biblische Fundierung dieser Lehre ist eher dünn. Die Väter ziehen meist zwei Stellen aus dem Matthäusevangelium heran. Die eine betrifft Jesu Auftrag, mit dem Gegner Frieden zu schließen, solange es noch geht, weil sonst auf die unversöhnliche Haltung Strafe folgt (Mt 5,25–26). Die zweite Stelle handelt von der Sünde wider den Heiligen Geist, die nicht vergeben werden kann. Sie besteht in einer radikalen Abwendung von Gott, weil der Sünder kein Vertrauen in die Versöhnung hat, die Gott immer wieder anbietet (Mt 12,32). Die wichtigste Passage stammt aus dem ersten Korintherbrief. Gleich was und wie jemand im Leben baut: »Das Werk eines jeden wird offenbar werden; denn der Tag wird es sichtbar machen, weil er sich mit Feuer offenbart. Und wie das Werk eines jeden beschaffen ist, wird das Feuer prüfen« (1 Kor 3,13). Im Feuer sieht man, was Bestand hat, es überdauert den Brand. Und er selbst, der Mensch, wird gerettet, »doch so wie durch Feuer hindurch« (1 Kor 3,15). Das Bild ist deutlich: Das Feuer offenbart, was jetzt noch verborgen ist, verdeckt von dem Material, das erst durch das Feuer weggebrannt werden muss.

Wobei aber die Schlusspassage in ihrem Charakter als Sprichwort oder Redensart bei dieser Auslegung sehr gedehnt erscheint. Wenn die Toten nach dem Tod gewissermaßen noch so etwas wie Zeit haben, in der sie der Vollkommenheit entgegengehen, ist es gut und sinnvoll, für sie und mit ihnen zu beten und die Eucharistie zu feiern. Denn die Kirche ist größer als das, was wir von ihr sehen. Sie umfasst auch die himmlische Gemeinschaft, zu der die Menschen im Fegefeuer gehören.

In diesen Zusammenhang gehört die Lehre vom Ablass. Durch Gebet, Mitfeiern der Liturgie, Beichte und manches geistliche Handeln können Gläubige in den Genuss eines Ablasses kommen und damit Anteil erhalten an der Fülle der Gnade, die in der Gemeinschaft der Kirche wirkt, weil es so viel Gutes und Heiliges in ihr gibt. Ein Ablass kann auch Verstorbenen zugewendet werden; er soll ihnen den Reinigungsprozess erleichtern. Bekannt sind vor allem Missbräuche wie der Ablasshandel, die inakzeptabel sind, oder das Missverständnis, man könne sich mit dem Ablass das Heil erwerben. Der Ablass kann nicht gekauft und nicht mit Werken erzwungen, sondern nur von Gott erbeten werden.

Der Missbrauch hat die Fegefeuerlehre in ein trübes Licht gerückt. Sie wurde und wird bis heute aus verschiedenen Gründen kritisiert. Sie verlange ein dualistisches Menschenbild, einen Substanzdualismus von Leib und Seele, der nicht christlich ist. Außerdem ziele sie ausschließlich auf den Einzelnen, habe also eine individualistische Tendenz. Schließlich wird der Kirche damit ein gewisser Merkantilismus vorgeworfen. Bestimmten Sünden sollen genau nach Tagen berechnete Strafen im Fegefeuer entsprechen. Aber trifft diese Kritik auch? Das wird sich nach einer differenzierten Darstellung zeigen.

6.2 Die Lehre der Kirche über das Fegefeuer

Die Fegefeuerlehre ist eine spezifisch katholische Vorstellung. Sie entfaltet sich auf den Spuren des Augustinus vor allem im Mittelalter. Unzählige Traktate und Quästionen sind diesem Thema gewidmet. Das Konzil von Trient beschloss am 3. Dezember 1563 das »Dekret über den Reinigungsort«, in dem die traditionelle Lehre zusammengefasst wird. Drei Aspekte hebt das Konzil hervor. Erstens wird ausgehend von der Heiligen

Schrift und der Tradition festgehalten, dass es den Reinigungsort gibt und es daher gut ist, wenn die »gesunde Lehre« darüber geglaubt und verkündet wird. Zweitens wird denen, die im Reinigungsort sind, durch fürbittendes Gebet und »das wohlgefällige Opfer des Altares« geholfen, also durch die Feier der Eucharistie. Ob das, was mit dem Wort Fegefeuer oder Reinigungsort bezeichnet wird, ein Ort ist oder mehr ein Zustand oder ein Bild für eine andere Wirklichkeit, die sich nicht begrifflich fassen lässt, darüber wird nichts gesagt, auch wenn der Text auf den ersten Blick eine eher realistische Sicht vermuten lässt. Aber die Lehraussage verlangt nicht, Orte und Zeiten anzunehmen.

Gleich danach schärft das Konzil ein, in den »volkstümlichen Predigten« sich nicht in spitzfindigen Fragen zu ergehen, »die zur Erbauung nichts beitragen und aus denen meist kein Zuwachs an Frömmigkeit entsteht«, oder irgendwelche Halbwahrheiten zu verbreiten. Aberglaube und Ablassmissbrauch werden streng untersagt, weil sie »Ärgernis und Anstoß« verbreiten.[81] Mit der Verteidigung der Fegefeuerlehre wird die Praxis, für die Verstorbenen zu beten und Eucharistie zu feiern, verteidigt und theologisch untermauert. Das Konzil hat ein erkennbares pastorales Anliegen, das aus der theologischen Reflexion gestärkt wird.

Die Reformation hat an dieser Lehre Kritik geübt, zuerst wegen der mangelnden biblischen Begründung. Der zweite Grund liegt in einer mit der Fegefeuerlehre verbundenen Praxis, die als »Werkfrömmigkeit« kritisiert wird. Eine dritte moderne, evangelische Kritik geht von der Radikalität und der Totalität der Rechtfertigung aus. Danach kann der Mensch nur entweder ganz oder gar nicht gerechtfertigt sein. In dieser Diskussion steht freilich das ganze Verhältnis von Rechtfertigung und Freiheit in Frage. Die orthodoxe Kritik wieder sieht die Fegefeuerlehre in der Nähe zur Apokatastasis, zur Allerlösungslehre. Wird hier gewissermaßen für alle noch eine nachträgliche Heilsmöglichkeit konstruiert?

6.3 Fegefeuerlehre für heute

Wie gezeigt wurde, trägt der Gedanke des Fegefeuers problematische Züge in sich und es gibt gute Gründe, nach neuen Begriffen zu suchen. So ist ein einfaches Verständnis des Menschen aus Leib und Seele, wonach die Seele sofort aufersteht, der Leib aber gewissermaßen wartet, im modernen anthropologischen Verständnis schwierig geworden. Mit dem Tod ist die Zeit des Menschen zu Ende. Wenn daher von einer »Zeit« im Fegefeuer die Rede ist, darf das nur bildhaft verstanden werden. Darauf wird im achten Kapitel noch näher eingegangen.

Immer wieder hatte die theologische Reflexion die Aufgabe, gegen zu viel Realismus in der Fegefeuerlehre aufzutreten. Es liegt in der menschlichen Natur, nach möglichst eindringlichen Bildern zu suchen. Doch was für die Letzten Dinge insgesamt gilt, muss hier besonders erinnert werden: Es geht nicht um Orte und Zeiten, sondern um die Begegnung mit dem lebendigen Gott. Die Fegefeuerlehre ist eine Grenzaussage, weil sie an die Grenzen des Menschenmöglichen geht. Dort fragt sie nach Heil und Vollendung des je eigenen Menschseins.

Das Gebet für die Verstorbenen, denen die Gläubigen jede mögliche Hilfe auf ihrem Weg in die Seligkeit mitgeben wollen, führt – verbunden mit der mittelalterlichen Tendenz, möglichst detaillierte Begriffsunterscheidungen für alle Eventualitäten anzubieten – dazu, Entsprechungen zwischen Taten, verschieden gewichteten Strafen im Fegefeuer und möglichen Unterstützungen durch Dritte, etwa hinterbliebene Angehörige, zu erwägen. Das führt bis zum Missbrauch des Ablasswesens, indem regelrecht Handel damit getrieben wird. Die Gefahr einer solchen »Merkantilisierung« der Fegefeuerlehre ist gegeben, weil Menschen für ihr Handeln gern Gewissheit haben wollen. Es zeugt aber von einem fehlgeleiteten Verständnis von der Gerechtigkeit Gottes und der Gnade.

Liebe ist ohne Ende und erhebt sich immer schon über unser Versagen, auch über den Tod hinaus. Kraft dieser Liebe ergänzt Gott im Fegefeuer das, was an unserem Leben noch Stückwerk ist, und reinigt es vom Bösen. Dieser Prozess kann schwer und schmerzhaft sein, so wie Veränderung im menschlichen Leben oftmals schmerzhaft ist, vor allem die Erkenntnis, dass das menschliche Leben so, wie es ist, mit seiner je eigenen Geschichte, nicht stimmig ist.

Zwei Aspekte kommen zusammen: Das Leben der Verstorbenen ist noch nicht fertig, weil Menschen immer viel Sündhaftes in sich tragen. Daher bedürfen sie eines reinigenden Prozesses, der sie zur Vollendung führt und das ergänzt, was an ihrem Leben noch fehlt. Andererseits ist das Fegefeuer selbst unmittelbare Begegnung mit Gott, der jede und jeden immer schon liebt, der ihr oder sein Leben so annimmt, wie sie oder er es gelebt hat, und jedes Scheitern immer schon mit seiner Liebe umfängt. Die Lehre vom Fegefeuer ist ein Heilskonzept. Daher lässt sich auch die Kritik von evangelischer und orthodoxer Seite beantworten. Das Fegefeuer ist ein Prozess für die, die schon gerechtfertigt sind. Wer im Fegefeuer ist, ist immer schon auf dem Weg zur Seligkeit. Es ist also Ausdruck der Rechtfertigung, die Gott vollbringt und auf die der Mensch schon geantwortet hat.

An dieser Stelle sind einige kurze Bemerkungen über das Gebet für die Toten angebracht. Das Gebet für die Toten ist deshalb möglich, weil die Gemeinschaft der Kirche nicht nur auf die irdische Gemeinschaft beschränkt ist, sondern auch jene Mitglieder umfasst, die durch den Tod schon hindurchgegangen sind und jetzt in Gottes Hand ruhen.[82] Daher ist es gut und sinnvoll, dass die Lebenden für die Verstorbenen beten. Umgekehrt sind Christen überzeugt, dass auch die Toten für die Lebenden Fürsprache einlegen. Das Leben der Verstorbenen ist noch nicht vollendet, sondern es harrt noch der endgültigen Gestalt, und in der Hoffnung darauf können sich die Lebenden mit den schon Verstorbenen solidarisieren. Das Gebet festigt zunächst die Gemeinschaft vor Gott. Dann ist es von Gott gewollt. Gott liebt uns immer schon und möchte, dass wir die Liebe erwidern, mit ihm in Kommunikation treten, indem wir beten. Schließlich bringt das Gebet füreinander vor Gott auch die Liebe unter den Menschen zum Ausdruck. Freilich braucht Gott kein Gebet, um zu wissen, was gut für den Menschen ist, aber er braucht uns Menschen, weil er Menschen haben will, die mit ihm in Beziehung treten. Deshalb will und braucht er uns auch als Betende.[83]

7. Das Jüngste Gericht: Gerechtigkeit und Versöhnung

Die Begegnung mit Christus am Ende des Lebens wird mit dem Bildwort vom Jüngsten Gericht bezeichnet. Dabei werden klassisch ein individuelles und ein allgemeines Gericht unterschieden. Wieder stehen nicht Orte und Zeiten im Vordergrund, sondern jene Begegnung mit Christus, die die Wahrheit über mein Leben offenbar werden lässt. Gericht darf dabei nicht nach dem Muster eines irdischen Gerichtshofes verstanden werden. Es geht nicht um die Bestrafung der Schuldigen, um den Ausgleich für entstandenen Schaden oder um den Schutz der Gesellschaft vor zukünftigen Übeltaten. Schon gar nicht geht es um Rache. Dieses Gericht hängt mit dem zusammen, was Paulus die »Gerechtigkeit Gottes« genannt hat. Folgt man der Schrift, so soll das Gericht die Gerechtigkeit Gottes zum Ziel führen, es soll also Gerechtigkeit schaffen. Der Maßstab eincr solchen endgültigen Unterscheidung kann aber nur derselbe sein, der schon am Anfang an die Schöpfung insgesamt angelegt wurde: die Liebe Gottes. Damit ist nicht gemeint, das Gericht wäre harmlos, alles würde unterschiedslos gleich gut gemacht. Die Liebe Gottes gibt nicht allen das Gleiche, sondern jeder das Ihre, jedem das Seine, was ihr oder ihm entspricht.

Die Vorstellung vom Gericht hat die Theologie, die Literatur und die Kunst immer wieder beschäftigt. So finden wir etwa im Mittelalter und in der Renaissance großartige künstlerische Darstellungen des Jüngsten Gerichts, meist an der Westseite der Kirchen, beim Ausgang, damit die Gläubigen sich darüber im Klaren sind, was sie erwartet, wenn sie sich im Leben draußen nicht bewähren. Die Kirche, der Kirchenraum, ist in dieser Vorstellung der Ort des Heiles, der Begegnung mit Gott, die Welt Ort der Bewährung, wo die Menschen dem Bösen, der Sünde und ihrer eigenen Schwäche ausgesetzt sind. Eine solche Gerichtsrede kann Menschen Angst machen oder zumindest schon vorhandene Angst bestärken und in eine religiöse Ebene heben. Problematisch ist die Gegenüberstellung von Gottes Gerechtigkeit und Barmherzigkeit. So war etwa Anselm von Canterbury († 1109) der Meinung, die Gerechtigkeit Gottes sei die Grenze für die Barmherzigkeit.[84] Aber ist diese Sicht berechtigt, wenn wir den Begriff der Gerechtigkeit Gottes wie Paulus ansetzen?

Die Rede vom Gericht ist ein Element der Hoffnungsbotschaft. Das verträgt sich allerdings nicht mit einer Botschaft, die Menschen Angst macht. Umgekehrt besteht die Gefahr, den Ernst des Glaubens aus den Augen zu verlieren. Und diesen Ernst möchte die Gerichtsrede deutlichmachen. So ist die Botschaft von Jesus Christus, der wiederkommen wird, »zu richten die Lebenden und die Toten«, wie es im Glaubensbekenntnis heißt, zwar keine, die Angst machen, wohl aber eine ernste Botschaft, die die menschliche Gleichgültigkeit aufrütteln soll.[85]

7.1 Der Tag des HERRN

Im Alten Testament findet sich die Rede vom »Tag des HERRN« besonders in der prophetischen Literatur breit bezeugt. Vor allem anderen steht die Ansage: »Der Tag des HERRN ist nahe«. Er ist ein großer, schrecklicher Tag, an dem Gott, der HERR, die Gerechtigkeit in Israel wiedererrichten wird (Jes 13,6; 2,12; Ez 30,3; Joël 1,15; 2,1–11; Am 5,16–20; Obd 1,15; Zef 1,7; Sach 14,1–21). Die Rede davon, dass der Tag des HERRN bevorsteht, erinnert an den Tag des Gerichts über Sodom und Gomorra (Gen 18,20), als Gott die gesetzlosen Städte auslöscht, um das Böse aus dem Land zu verbannen. Gott selbst hält Gericht über die beiden Städte, weil das Klagegeschrei über die Schuld der Menschen dort zum Himmel schreit (Gen 18,20). Der Tag des HERRN ist ein Tag »voll Grausamkeit, Grimm und glühendem Zorn« (Jes 13,9), voller Schrecken. Bilder von Kampf und Sieg Gottes stehen im Hintergrund, wenn vom Tag des HERRN die Rede ist.

Paulus versteht den Tag des HERRN als Tag Christi, als die Parusie, die Wiederkunft des Herrn, der kommt »wie ein Dieb in der Nacht« (1 Thess 5,2; 2 Petr 3,10). Es ist der Tag der Vollendung durch Jesus Christus, der dieses Werk schon begonnen hat (Phil 1,6).

Der zweite Gedanke, der im Alten Testament eine große Rolle spielt, ist die »Vergeltung« für das eigene Tun. Zunächst positiv gesagt, misst Gott den menschlichen Taten einen hohen Wert bei. Im Psalm heißt es: »Herr, bei dir ist die Huld. Denn du wirst jedem vergelten, wie es seine Taten verdienen« (Ps 62,13). Der Tun-Ergehen-Zusammenhang darf freilich nicht überbewertet werden. Auch das Alte Testament kennt Umkehr und Vergebung. Und so zeigt das Buch Ijob, wie die vermeintlichen Zusammenhänge nicht halten. Ijobs Frau und seine Freunde versuchen immer wieder, Fehler bei Ijob selbst zu finden. Er aber bleibt auch in allem Hadern mit Gott diesem treu. Tatsächlich ist es die Treue Gottes zu seiner Schöpfung, die größer ist als alles Leid (vgl. Ijob 19,25).

Die neutestamentliche Rede vom Gericht ist eindringlich und vielfältig und hat performativen Charakter. Sie zielt auf die Aufmerksamkeit im Leben. In Jesu Gerichtsrede (Mt 24–25) ist davon die Rede, dass der Tag des HERRN unerwartet kommt, verbunden mit der Mahnung zur Wachsamkeit (Mt 24,40–44). Dann folgen einige Gleichnisse, die diese Mahnung konkretisieren. Der treue Knecht tut seinen Dienst so, als wäre der Herr da oder würde bald kommen. Der schlechte Knecht hingegen missbraucht seine Stellung. Ihm droht die Strafe, der »Platz unter den Heuchlern«, wo »Heulen und Zähneknirschen« sein wird (Mt 24,45–51). Zehn Jungfrauen warten auf den Bräutigam, fünf sind vorbereitet, sie haben Öl für die Lampen, die anderen fünf nicht. Als der Bräutigam kommt, müssen die fünf, denen das Öl fehlt, zuerst welches besorgen gehen und kommen daher zur Hochzeit zu spät. Sie versäumen den Eintritt zum Fest und damit die Vollendung (Mt 25,1–13). Das Gleichnis vom anvertrauten Geld macht deutlich, dass Gott jedem und jeder andere Dinge zutraut: Ein Knecht bekommt fünf Talente, ein anderer zwei, der letzte eines. Sie bekommen die Talente, um damit etwas zu bewirken. Daran werden sie auch gemessen; so werden die erfolgreichen belohnt und wird der Knecht bestraft, der seines vergräbt und sich nicht aktiv an den Geschäften seines Herrn beteiligt. Das Wort Talent im heutigen Sprachgebrauch (für besondere Fähigkeiten) hat seine Bedeutung von diesem Gleichnis (Mt 25,14–30).

Das eindringlichste dieser Gleichnisse ist wohl das vom Weltgericht, in dem der Richter »die Schafe von den Böcken« scheidet (Mt 25,31–46), insbesondere das Kriterium. Niemand wird nach dem Studium der Heiligen Schrift oder der Liturgie im Tempel gefragt. Sondern es heißt über die Gerechten: »Ich war hungrig und ihr habt mir zu essen gegeben; ich war durstig und ihr habt mir zu trinken gegeben; ich war fremd und ihr habt mich aufgenommen; ich war nackt und ihr habt mir Kleidung gegeben; ich war krank und ihr habt mich besucht; ich war im Gefängnis und ihr seid zu mir gekommen. … Was ihr für einen meiner geringsten Brüder getan habt, das habt ihr mir getan« (Mt 25,35–36.40). Das einzige Kriterium ist: Hast du den Armen und in den Armen Christus gedient?[86]

Das Gericht steht bevor; es wird also für die Zukunft erwartet, auch wenn unbestimmt bleibt, wann es sein wird, und es trifft alle. Jesus ermahnt die Pharisäer und Schriftgelehrten: »Tyrus und Sidon wird es beim Gericht erträglicher ergehen als euch« (Lk 10,14). Beim Gericht ist nicht nur Gott der Richter, sondern auch andere mit ihm, etwa solche, die sich auf die Botschaft der Propheten hin bekehrt haben wie die »Männer von Ninive« (Mt 12,41; Lk 11,32) oder die Königin des Südens, die sich von König Salomo überzeugen ließ (Mt 12,42; Lk 11,31).

An vielen Stellen wird der Ausdruck *Gericht* synonym mit *Verurteilung* verwendet. Demnach kommen die zum Gericht, die sich gegen das Gute verfehlen. Wer sich an die Gebote und Weisungen Jesu nicht hält, »soll dem Gericht verfallen sein« (Mt 5,21), »dem Feuer der Hölle« (V. 22) oder »ins Gefängnis geworfen« werden (V. 25).

Das Johannesevangelium betont, dass Jesus selbst der Richter ist, weil der Vater das Gericht ihm übertragen hat (Joh 3,19; 5,22.27); ein Richter, der so richtet, wie es dem Willen des Vaters entspricht (Joh 5,30). Das Gericht scheint eine gegenwärtige Wirklichkeit zu sein, die in der Welt und für sie das Gute zum Sieg bringt: »Jetzt wird Gericht gehalten über diese Welt; jetzt wird der Herrscher dieser Welt hinausgeworfen werden« (Joh 12,31). Zwei Kriterien werden genannt: der Glaube an Gott, der Jesus gesandt hat (Joh 5,24), und das Tun des Guten (Joh 5,29). Wer diese beiden Kriterien erfüllt, kommt gar nicht zum Gericht, so heißt es, sondern wird zum Leben hinübergehen. Hier ist das Gericht nur für die gedacht, die Böses getan haben.

Paulus mahnt, wer selbst auf Erden ungerecht gerichtet hat, soll darauf achten, denn er wird dort gerichtet werden (Röm 2,2–5). Manche Sünden sind heute schon offensichtlich, andere werden es erst dort werden (vgl. 1 Tim 5,24). Wer selbst kein Erbarmen gezeigt hat, kann nicht mit Erbarmen rechnen, heißt es im Jakobusbrief (Jak 2,13).

Für die Petrusbriefe hat das Gericht schon begonnen; es ist schon spürbar, wo immer die Menschen dem Evangelium nicht folgen oder die Menschen verführen wollen (1 Petr 4,17; 2 Petr 2,3; vgl. Jud 4.15). Die Offenbarung beginnt mit dem flehentlichen Ruf nach dem Gericht für die, die heute die Christen verfolgen (Offb 6,10). Die Stadt Babylon ist der Inbegriff für die Verworfenen (Offb 18,10). Die Visionen münden in das Gericht, das Jesus Christus über alle die hält, die sich Gott verweigert haben (Offb 20,4)

Die Botschaft von der Gerechtigkeit Gottes und dem bevorstehenden Gericht, das sie verwirklichen wird, ist ein Grundelement christlicher Verkündigung (vgl. Apg 24,25; Hebr 6,2). Das Gericht folgt unmittelbar auf den Tod, wie der Hebräerbrief eindringlich festhält: »Und wie es dem Menschen bestimmt ist, ein einziges Mal zu sterben, worauf dann das Gericht folgt« (Hebr 9,27). Doch die Botschaft vom Gericht ist eine Heilsbotschaft. Die Gläubigen sollen beim Gericht nicht verurteilt, sondern gerettet werden. »Denn Gott hat uns nicht für das Gericht seines Zorns bestimmt, sondern dafür, dass wir durch Jesus Christus, unseren Herrn, die Rettung erlangen« (1 Thess 5,9).

7.2 Ein Lied vom Tag des Gerichts

In der Theologiegeschichte spielt die Bildrede vom Gericht eine große Rolle, sie wird auch immer wieder in Bildern realisiert. Christus ist der Richter der Welt – so finden wir ihn oftmals und vielfältig dargestellt: Christus in der Mandorla, umgeben von einem mandelförmigen Glorienschein, oder der Auferstandene, der im Himmel thront, mitunter mit den Geretteten an seiner Seite. So findet es sich etwa als Kuppelmosaik aus dem 13. Jahrhundert im Baptisterium San Giovanni in Florenz.

Bis in die zweite Hälfte des zwölften Jahrhunderts reicht die Sequenz »Dies irae« zurück. Im römischen Messbuch nach dem Konzil von Trient aus dem Jahr 1570 war sie in der Messe für Verstorbene vorgesehen, wurde aber dann gestrichen, weil sie den »österlichen Sinn des christlichen Todes« nicht auszudrücken vermag.[87]

Im Mittelalter waren Sequenzen weitverbreitet, aber sie wurden bei der Liturgiereform des Konzils von Trient im 16. Jahrhundert stark reduziert. Sie sind als Ausfaltung des Halleluja-Verses gedacht (daher der Name von lateinisch *sequens,* folgend) und variieren dichterisch das Thema des Festtages.

Diese Sequenz hebt besonders das Gericht und die Wiederkunft Christi hervor. Sie war deshalb ursprünglich am ersten Adventssonntag vorgesehen. In den klassischen Vertonungen des Requiems etwa von Wolfgang Amadeus Mozart († 1791) oder Giuseppe Verdi († 1901) erscheint dieser Gesang meist als dramatischer Höhepunkt.[88]

Dies irae dies illa,	Tag der Rache, Tag der Sünden,
Solvet saeclum in favilla:	Wird das Weltall sich entzünden,
Teste David cum Sibylla.	Wie Sibyll und David künden.

Die erste Strophe setzt mit dem Gedanken vom Tag des HERRN ein und orientiert sich am Prophetenbuch Zefanja. Die Anfangsworte sind ein Zitat des Bibeltextes in der lateinischen Fassung. Dort heißt es: »Ein Tag des Zorns ist jener Tag *(dies irae dies illa),* ein Tag der Not und Bedrängnis, ein Tag des Krachens und Berstens, ein Tag des Dunkels und der Finsternis, ein Tag der Wolken und der schwarzen Nacht«, und weiter: »Vom Feuer seines leidenschaftlichen Eifers wird die ganze Erde verzehrt« (Zef 1,15.18; vgl. Ez 7,19; Röm 2,5). Jener Tag als Tag des Gerichts ist als kosmisches Ereignis geschildert. David als der weise König Israels und Dichter der Psalmen sagt ihn voraus wie auch die heidnische Weissagerin Sibylle. Das Gericht betrifft die ganze Welt.

Quantus tremor est futurus,	Welch ein Graus wird sein und Zagen,
Quando iudex est venturus,	Wenn der Richter kommt, mit Fragen
Cuncta stricte discussurus!	Streng zu prüfen alle Klagen!

Das Bild des Gerichtes ist furchterregend, der Schrecken wird groß sein, wenn alles besprochen wird. Stellen wie diese machen die Vorbehalte der nachkonziliaren Theologie gegen die Sequenz verständlich, weil hier der Aspekt der Strafe für die begangenen Sünden gegenüber allen anderen übergroß erscheint. Doch darf die Dynamik des Textes, die den Ernst des Gerichts betonen will, nicht übersehen werden. Der Richter kommt, um zu fragen, alles zu besprechen.

Tuba mirum spargens sonum	Laut wird die Posaune klingen,
Per sepulcra regionum,	Durch der Erde Gräber dringen,
Coget omnes ante thronum.	Alle hin zum Throne zwingen.

Wenn die Posaune erschallt, werden die Toten auferstehen, zuerst »die in Christus Verstorbenen« (1 Thess 4,16; 1 Kor 15,52). Alle werden beim Thron des Weltenrichters versammelt. Die Dramatik, die in der Offenbarung des Johannes mit dem Klang der sieben Posaunen verbunden ist, klingt hier an. Sie führen durch eine apokalyptische Schilderung, die aber beim Klang der siebten Posaune in die Weltherrschaft Christi mündet, der alles erneuert (Offb 11,15).

Mors stupebit et natura,	Schaudernd sehen Tod und Leben
Cum resurget creatura,	Sich die Kreatur erheben,
Iudicanti responsura.	Rechenschaft dem Herrn zu geben.

Alle und alles müssen vor dem Richter Rechenschaft ablegen. Das ist eine umfassende, universale Angelegenheit, sodass sogar der Tod, das Leben und die Natur betroffen sind, »schaudern« (wie es in der Übersetzung heißt, wörtlich: »erstarren«). Die Stelle in der Offenbarung, auf die sich der Vers bezieht, lautet: Vor dem Anblick des Richters »flohen Erde und Himmel« (Offb 20,11).

Liber scriptus proferetur,	Und ein Buch wird aufgeschlagen,
In quo totum continetur,	Treu darin ist eingetragen
Unde mundus iudicetur.	Jede Schuld aus Erdentagen.

In der Offenbarung wird das Gericht geschildert. Die Toten stehen alle vor dem Thron, groß und klein, »und ein anderes Buch, das Buch des Lebens, wurde geöffnet« (Offb 20,12). Alles ist hier eingetragen, um die Welt danach zu richten. Der deutsche Text setzt voraus, dass die Schuld hier notiert ist, doch heißt es im lateinischen Original tatsächlich »alles«, und so wird die Welt gerichtet.

Iudex ergo cum sedebit,	Sitzt der Richter dann zu richten,
Quidquid latet apparebit:	Wird sich das Verborgne lichten;
Nil inultum remanebit.	Nichts kann vor der Strafe flüchten.

Alles bisher war eine Hinführung zum Gericht, das den dramatischen Höhepunkt in der Sequenz darstellt. Der Richter nimmt am Thron Platz (vgl. Offb 20,11). Das ist in der Offenbarung die letzte Szene vor der Neuschaffung des himmlischen Jerusalem.

Quid sum miser tunc dicturus?	Weh! Was werd ich Armer sagen?
Quem patronum rogaturus?	Welchen Anwalt mir erfragen,
Cum vix iustus sit securus.	Wenn Gerechte selbst verzagen?

Mit dieser Strophe dreht sich die Stimmung. Bis jetzt wurde das Gericht als allgemeines Ereignis berichtet, doch jetzt bin ich selbst es, dem dieses Gericht gilt. Was werde ich sagen? Das Gericht geht mich selbst an, weil auch ich gerichtet werden soll. Mit der Frage nach dem Anwalt, dem Patron, der für mich sprechen könnte, ist schon die implizite Antwort verbunden, dass es diesen Anwalt gibt, Jesus, der für uns beim Vater eintritt (1 Joh 1,16).

Rex tremendae maiestatis,	König schrecklicher Gewalten,
Qui salvandos salvas gratis,	Frei ist Deiner Gnade Schalten:
Salva me, fons pietatis.	Gnadenquell, lass Gnade walten!

Von jetzt an wird der Richter direkt angesprochen, wie es sich für eine solche Rede gehört: demütig und mit der Anerkennung seiner Macht. Er gibt das Heil frei, wie er will. Wörtlich bitte ich ihn: »Rette mich, Quelle der Rechtschaffenheit!« Die Gnade schafft Recht, auch bei mir.

Recordare Iesu pie,	Milder Jesus, wollst erwägen,
Quod sum causa tuae viae:	Dass Du kamest meinetwegen,
Ne me perdas illa die.	Schleudre mir nicht Fluch entgegen.

Was aber soll Jesus richten? Im Verständnis der Theologie der Kirchenväter und des Mittelalters kann ich als Mensch nicht auf meine Verdienste verweisen. Der Grund für die Rettung ist die Erlösung, weil Jesus in die Welt gekommen ist, um uns mit Gott zu versöhnen.

Quaerens me, sedisti lassus:	Bist mich suchend müd gegangen,
Redemisti crucem passus:	Mir zum Heil am Kreuz gehangen,
Tantus labor non sit cassus.	Mög dies Mühn zum Ziel gelangen.

Die Erlösung wird nun deutlicher ausgeführt, Jesus ist gekommen, um mich zu suchen, jede und jeden einzeln. Sie ist nicht nur ein allgemeines Geschehen, sondern auch eine persönliche Begegnung. Diese Erkenntnis mündet in den Appell an Jesus: Lass die Erlösung nicht sinnlos sein, indem du mich verurteilst.

Iuste iudex ultionis,	Richter Du gerechter Rache,
Donum fac remissionis,	Nachsicht üb in meiner Sache
Ante diem rationis.	Eh ich zum Gericht erwache.

Der Dichter kann sich Strafe ohne Rache nicht vorstellen. Daher wird der Begriff der Rache hier mit dem Adjektiv *gerecht* verbunden. Denn der Richter, dem die Rache zusteht, soll das Geschenk der Vergebung machen, bevor es ernst wird.

Ingemisco, tamquam reus:	Seufzend steh ich schuldbefangen,
Culpa rubet vultus meus:	Schamrot glühen meine Wangen,
Supplicanti parce Deus.	Lass mein Bitten Gnad erlangen.

Meine Haltung wird die des reumütigen Schuldigen sein, der über seine Schuld errötet. Einsicht und Reue sind die Voraussetzungen für Vergebung; nur dann kann der Richter Recht setzen und Versöhnung stiften. »Verschone den, der bittet, Gott!«, heißt es wörtlich.

Qui Mariam absolvisti,	Hast vergeben einst Marien,
Et latronem exaudisti,	Hast dem Schächer dann verziehen,
Mihi quoque spem dedisti.	Hast auch Hoffnung mir verliehen.

Maria Magdalena wurde traditionell mit der Ehebrecherin identifiziert (Joh 8,1–11) und mit der Sünderin, die Jesus die Füße gewaschen hat (Lk 7,36–50). Sie hat Vergebung gefunden so wie der rechte Schächer, der seine Taten bereut (Lk 23,39–43). Vergebung und Vollendung sind für jede Sünderin oder jeden Sünder möglich, wenn sie oder er an Jesus glaubt und sich bittend ihm zuwendet.

Preces meae non sunt dignae:	Wenig gilt vor Dir mein Flehen;
Sed tu bonus fac benigne,	Doch aus Gnade lass geschehen,
Ne perenni cremer igne.	Dass ich mög der Höll entgehen.

Obwohl meine Bitten schwach sind, unwürdig, bitte ich um Gnade, um nicht im Feuer der Hölle zu verbrennen, also um nicht verdammt zu werden. Immer wieder wird diese Bitte um Gnade variiert.

Inter oves locum praesta,	Bei den Schafen gib mir Weide,
Et ab haedis me sequestra,	Von der Böcke Schar mich scheide,
Statuens in parte dextra.	Stell mich auf die rechte Seite.

Die nächste Strophe erinnert an das Gleichnis vom Weltgericht, bei dem unterschieden wird, wer gerettet wird und wer nicht, so wie der Hirte die Schafe von den Böcken scheidet. Die Geretteten werden auf der rechten Seite versammelt (Mt 25,31–46).

Confutatis maledictis,	Wird die Hölle ohne Schonung
Flammis acribus addictis,	Den Verdammten zur Belohnung,
Voca me cum benedictis.	Ruf mich zu der sel'gen Wohnung.

Die Scheidung wird immer drängender und deutlicher. Ich möchte nicht zu den Verdammten gehören, ja, ich kann sagen: Niemand möchte das. Die Menschen sehnen sich nach Heil und Vollendung.

Oro supplex et acclinis,	Schuldgebeugt zu Dir ich schreie,
Cor contritum quasi cinis:	Tief zerknirscht in Herzensreue,
Gere curam mei finis.	Sel'ges Ende mir verleihe.

Mit einem zerknirschten Herzen trete ich vor Gott. Im Psalm heißt es, Gott will keine Opfer. »Schlachtopfer für Gott ist ein zerbrochener Geist, ein zerbrochenes und zerschlagenes Herz wirst du, Gott, nicht verschmähen« (Ps 51,19).

Lacrimosa dies illa,	Tag der Tränen, Tag der Wehen,
Qua resurget ex favilla.	Da vom Grabe wird erstehen
Iudicandus homo reus:	Zum Gericht der Mensch voll Sünden;

Ursprünglich war das die letzte Strophe, die wieder zum Thema der ersten zurückkehrt, zum Tag des HERRN. Ein Tag der Tränen ist jener Tag, weil der Sünder aus dem Grab zum Gericht aufersteht. Die Vorstellung ist, dass am Jüngsten Tag alle Toten auferstehen und vor Gottes Gericht müssen. Die Hoffnung des mittelalterlichen Menschen – und bis heute – ist es, einen gnädigen Gott zu finden.

Huic ergo parce Deus.	Lass ihn, Gott, Erbarmen finden.
Pie Iesu Domine,	Milder Jesus, Herrscher Du,
dona eis requiem. Amen.	Schenk den Toten ew'ge Ruh. Amen.

Die Hoffnung auf Verschonung wird in der letzten Strophe dem Verstorbenen zugewendet. Jesus soll sich seiner oder ihrer erbarmen und ihr, ihm, allen Toten Ruhe schenken.

Diese Sequenz macht in dramatischer Weise den Ernst des Gerichts deutlich, wendet den Blick aber dann direkt Jesus zu, dem Richter, der zugleich der Erlöser ist. Die Hoffnungsbotschaft ist, dass Jesus die Menschen erlöst, berufen und ihnen Gnade versprochen hat und dass daher von ihm Erbarmen und Schonung ausgeht. Das Gericht ist, wie der Text auf poetische Weise zeigt, unmittelbare Begegnung mit dem Richter, mit Jesus Christus.

7.3 Gericht und Versöhnung

Wie bei der Eschatologie insgesamt können auch beim Jüngsten Gericht das individuelle und das allgemeine Gericht unterschieden werden. Das individuelle Gericht hat mit dem eigenen Leben zu tun. Es erreicht seinen letzten und größten Ernst in der Begegnung mit Christus nach dem Tod. Diese Begegnung soll letzte Klarheit bringen über all das, was der Mensch erreicht hat, und über alles Scheitern. Es kommt dabei wohl nicht als etwas Fremdes über den Menschen, sondern macht ihm in ihm selbst sein wahres Wesen klar. So wird das Gericht besser als ein Selbstgericht verstanden, das nicht von außen über mich kommt, sondern mir in der Begegnung mit Jesus Christus in meinem Innern zeigt, wer ich wirklich bin und was mein Leben wirklich ausmacht.

In der Gerichtsrede Jesu, beim Gleichnis von den Schafen und den Böcken (Mt 25), ist nur von einem einzigen Kriterium die Rede: von der Zuwendung zu den Armen und Kleinen. Alle werden danach beurteilt, ob sie an den Armen gut gehandelt haben oder nicht. Dabei fragen sich auch die Geretteten: »Wann haben wir dich hungrig, nackt, krank … gesehen?« Der Maßstab des Gerichts kann nicht, wie beim irdischen Selbstgericht, das eigene Gewissen sein. Vielmehr wird auch das Gewissen dem Gericht Gottes unterworfen. Der Maßstab kann daher immer nur sein, was Gott von einem und für einen Menschen jeweils will, was also ihr oder ihm überhaupt möglich ist. Gott verlangt nicht von allen das Gleiche, sondern von jedem das Seine, von jeder das Ihre.

Aus christlicher Sicht ist die Zuwendung zu den Armen die Erfüllung des Evangeliums, der Inbegriff der Nachfolge Jesu. Für die Gläubigen ist damit der Maßstab einsichtig. Aus dieser Perspektive ist es folgerichtig, nachzudenken über das Gericht für Gläubige, die den Geboten Jesu folgen oder nicht, insbesondere über mich selbst und mein eigenes Handeln. Wie aber steht es um die vielen Menschen, die den Glauben nicht kennen, weil sie keine angemessene Verkündigung erhalten haben? Oder um die, die zwar getauft wurden, dann aber faktisch nie in den Glauben eingeführt wurden, sozusagen religiöse Analphabeten? Oder um die, die sich enttäuscht von der Kirche abgewandt haben, weil sie dort Schlechtes erfahren haben? Viele von ihnen öffnen ihr Herz für die Not der Mitmenschen. Haben sie beim Gericht keine Chance? Das Zweite Vatikanische Konzil billigt ihnen eine Heilsmöglichkeit zu:

> Wer nämlich das Evangelium Christi und seine Kirche ohne Schuld nicht kennt, Gott aber aus ehrlichem Herzen sucht, seinen im Anruf des Gewissens erkannten Willen unter dem Einfluss der Gnade in der Tat zu erfüllen trachtet, kann das ewige Heil erlangen. Die göttliche Vorsehung verweigert auch denen das zum Heil Notwendige nicht, die ohne Schuld noch nicht zur ausdrücklichen Anerkennung Gottes gekommen sind, jedoch, nicht ohne die göttliche Gnade, ein rechtes Leben zu führen sich bemühen. Was sich nämlich an

> Gutem und Wahrem bei ihnen findet, wird von der Kirche als Vorbereitung für die Frohbotschaft und als Gabe dessen geschätzt, der jeden Menschen erleuchtet, damit er schließlich das Leben habe. (Lumen gentium 16)

Es gibt so etwas wie eine Nachfolge, ohne das Evangelium ausdrücklich zu kennen, wenn Menschen ehrlichen Herzens das Gute und damit Gott suchen und ihrem Gewissen folgen. Damit gehören sie zur Kirche Jesu Christi. Sie können zum Leben gelangen in der Begegnung mit Gott am Ende ihres Lebens.

In der Tradition war die schmerzlichste Frage in diesem Zusammenhang die nach dem Schicksal der Kinder, die ungetauft sterben. Die Meinung war, dass sie belastet mit der Erbsünde nicht zur Seligkeit gelangen könnten. Die Glaubenslehre sah sie in einer Randzone, dem *limbus puerorum,* zwar keinem Ort der Seligkeit, aber auch keinem der Strafe. Doch mit den Überlegungen des Konzils steht die Frage der ungetauften Kinder in einem anderen Licht. Denn wer kennt das Evangelium ohne eigene Schuld nicht, wenn nicht sie? Der Ruf Gottes ist an sie ergangen, als er sie ins Dasein rief. Haben sie darauf geantwortet? Welchem Menschen steht es zu, diese Frage zu beantworten? Die Kirche hält jedenfalls auch für sie ein Begräbnis bereit, wenn die Eltern sie zur Taufe bringen wollten.

Hans Urs von Balthasar hebt die personal-christologische Dimension hervor: Gericht ist Begegnung mit Christus, dem Wort Gottes, unter dem das menschliche Leben von Anfang an steht und an dem es sich orientiert. Es kommt nicht von außen, sondern ist von Anfang an der innere Maßstab des Lebens, von dem Moment an, da Gott der ganzen Schöpfung zugesagt hat, dass sie gut ist. Wie das Zweite Vatikanische Konzil sagt, klärt sich erst im Mysterium Christi das Mysterium des Menschen auf (Gaudium et spes 22).

Das individuelle Gericht genügt aber für sich nicht; *ich* stehe im Gericht und zugleich stehen immer *wir* im Gericht, denn »die Solidarität in der Schuld und die persönliche, je-meinige Verantwortung, beides ist untrennbar«. Sünde und Schuld haben immer Relevanz für das Miteinander. Und sie haben Folgen, weil Sünde wieder neues Böses hervorbringt.[89] Daher kann das individuelle Gericht nie individualistisch nur in mir stattfinden. Es ist immer eines, das auch allgemein ist, weil das Böse, das geschieht, nie meine ganz und gar eigene Angelegenheit ist, sondern immer das Ganze betrifft. Die Klarheit über mein eigenes Leben kann nicht getrennt werden von der Klarheit über das Ganze.

Das allgemeine Gericht hat etwas mit der Vollendung des Ganzen zu tun. Am Ende der Zeit wird Jesus Christus, so ist es verheißen, die ganze Welt dem Vater zu Füßen legen. Dann wird das Böse in der Welt offensichtlich werden und das Gute den Sieg davontragen. Die Welt wird vollendet mit der großen Scheidung von Gut und Böse und damit, dass das Gute zum Sieg geführt wird. Das ist die Hoffnung der Christen, dass dann der, der im Mittelpunkt unseres Sehnens steht, uns alle zur himmlischen Gemeinschaft führen wird, wo wir auf ewig Leben in Fülle haben werden.[90]

Wie aber kann das gelingen, wenn wir doch immer wieder fallen und an den Armen vorbeigehen? Im ersten Timotheusbrief heißt es: Gott »will, dass alle Menschen gerettet werden und zur Erkenntnis der Wahrheit gelangen« (1 Tim 2,4). Alle sollen gerettet werden, aber das in der Wahrheit. Beides ist für Gerechtigkeit notwendig, die Güte Gottes für alle Menschen und die Wahrheit. Dafür muss es zur Versöhnung kommen. Weil menschliche Handlungen nie nur individuell sind, sondern immer andere, ja, letztlich alle betreffen, braucht es nicht nur ein individuelles, sondern auch ein allgemeines Gericht. Deshalb kann es nicht genügen, wenn Schuld einfach gestrichen wird. Es braucht die Versöhnung mit denen, die unter der Schuld leiden. Eine Allerlösungslehre, die solche Unterschiede aufheben würde, wo also Leidende und Peiniger unterschiedslos nebeneinanderstünden, ist bestenfalls zynisch. Die Diskussion um das Gericht ist eng verbunden mit der Frage nach Gerechtigkeit und Versöhnung angesichts des Leids in der Welt. Gerechtigkeit Gottes bedeutet auch, dass Gott Recht schafft, indem er Versöhnung zwischen Menschen stiftet. Das ist eine Aufgabe des Jüngsten Gerichts und steht noch an.

Auf der Seite der Täter setzt die Vollendung der Sünder deren eigene Reue voraus. Auch die Opfer sind gefragt. Die, denen etwas angetan wurde, müssen Stellung zu den Tätern beziehen, mit Gott zu Richtern werden. Eine Versöhnung im vollen Sinn des Wortes verlangt die Vergebung der Opfer.[91]

Damit wird die Fülle des Problems deutlich. Gegen eine Gerichtsvorstellung mit doppeltem Ausgang, wo die einen gerettet, die anderen verdammt werden, muss vor dem Hintergrund des allgemeinen Gerichts gefragt werden, was mit der Menschheit geschieht, wenn sie unversöhnt vollendet wird. Für Verdammte kann diese Unversöhntheit noch als Teil ihrer Verdammungssituation verstanden werden. Wie aber steht es um die Geretteten? Können Sie das ewige Heil auch unversöhnt erfahren? Der Gedanke, dass die Geretteten um das Leid der Verlorenen wissen, ist nicht einfach zu bewältigen. Wo die Gerechtigkeit Gottes als Grenze der Barmherzigkeit verstanden wird, kann auf die Gerechtigkeit der Strafe rekurriert werden. Wenn die Rede vom Gericht auf die Umkehr der Menschen zielt, dann kann das allgemeine Gericht in seiner Vollform nur gelingen, wenn es zur Versöhnung führt, also auch die Vergebung der Leidenden miteinschließt. Damit wird das Gleichnis vom barmherzigen Vater zur Zumutung für die Leidenden, denn sie müssen aus der Position des älteren Sohnes dem jüngeren, der zurückkehrt, ebenso vergeben, wie es der Vater getan hat (Lk 15,11–32). So sind die Leidenden berufen, mit Christus mitzurichten und mit ihm gemeinsam Versöhnung zu erwirken.[92]

8. Auferstehung der Toten

Die Hoffnung der Christen findet ihren stärksten Beweggrund in der österlichen Auferstehungsbotschaft. Christus ist erstanden, damit wir durch ihn und mit ihm einmal vom Tod auferstehen können. Daher ist das abschließende Kapitel dem Ausblick auf die Auferstehung und das Leben der kommenden Welt gewidmet. Der erste Abschnitt gilt der Auferstehung Jesu Christi, der zweite der Hoffnung auf die leibliche Auferstehung. Schließlich kommt die Ewigkeit als Sein bei Gott in den Blick.

8.1 Auferstehung Jesu

Am Anfang des Glaubens steht die Aufforderung zum Bekenntnis: »Wenn du mit deinem Mund bekennst: Herr ist Jesus – und in deinem Herzen glaubst: Gott hat ihn von den Toten auferweckt, so wirst du gerettet werden« (Röm 10,9). Welche Bedeutung aber hat die Auferstehung Christi?[93]

Die Erfahrung der Jünger von der Auferstehung ist überraschend und geheimnisvoll zugleich. War schon der Tod am Kreuz für sie unerwartet gekommen und hatte alle bisherigen Vorstellungen umgekehrt, so gilt das erst recht für die Auferstehung. Sie sprengt den Rahmen aller bisherigen Vorstellungen und bringt das absolut Neue an Jesu Wirken. Das zeigt sich schon an der Weise, wie die frühen Christen versuchten, sich der Frage der Auferstehung sprachlich anzunähern.[94] Doch darf die Auferstehung nicht vom übrigen Wirken Jesu losgelöst verstanden werden. Im Nachhinein erschließt sich den Jüngern ein innerer Zusammenhang zwischen Jesu irdischem Wirken und der Auferstehung. Im Licht von Ostern wird ihnen vieles klar, was vorher noch undeutlich war. Darin zeigt sich eine Kontinuität des göttlichen Handelns, denn Auferweckung Jesu bedeutet, dass der Vater, dem er gehorsam war bis zum Tod (vgl. Phil 2,8), den Sohn auch im Tod nicht verlassen und ihn der Macht des Todes nicht überlassen hat. In der Auferweckung erweist sich Gott, der Vater, wieder neu als mächtig am Sohn und damit an allen, die zum Sohn gehören.[95]

Das deutsche Wort »auferstehen« hat eine spezifische Bedeutung, die auf das christliche Verständnis zurückgeht. Es entstammt dem Sprachbereich des Glaubens. In der Heiligen Schrift hingegen werden Worte aus der Alltagssprache verwendet. So ist dort die Rede von »aufstehen« und »aufwecken«. Etwas Wunderbares geschieht hier, wofür es bis jetzt keine Sprache gab und das deshalb in den Evangelien mit Worten aus der alltäglichen Erfahrung beschrieben wird. Dabei lässt sich nicht festmachen, ob es aktiv oder passiv ist, weil aufstehen und aufwecken ziemlich gleichbedeutend verwendet wird. Handelt Christus selbst oder der Vater? Erst aus dem Zusammenhang erschließt sich die trinitarische Zusammenschau. Beschrieben wird auch kein Ereignis oder Geschehen, sondern das Ergebnis:

Christus ist auferstanden. Er ist nicht mehr tot, er lebt. Mit einfachen Worten aus der Alltagssprache wird die großartige und geheimnisvolle Erfahrung von Jesus als dem Auferstandenen zum Ausdruck gebracht.[96]

Die Auferweckung Jesu unterscheidet sich grundsätzlich von den Totenerweckungen Jesu, der Erweckung des Lazarus etwa. Dieser wurde erweckt, um auf Erden weiterzuleben; er wurde wieder in den Zustand zurückversetzt, in dem er vorher gewesen war. Die Auferstehung Jesu hingegen bricht mit seinem bisherigen Leben. Das Leben des Auferstandenen ist ganz neu, weshalb es sich mit den irdischen Begriffen nicht mehr fassen lässt. Dass ein Unterschied besteht, zeigt sich, als die Jünger von Emmaus ihn nicht erkennen – erst, »als er das Brot brach« (Lk 24,35). Auch die Jünger erkennen ihn nicht sofort. Sein Leib ist verklärt, sein Anblick verwandelt, neu und für die Jünger ungewohnt. Andererseits ist er doch immer noch er selbst, denn Maria Magdalena erkennt ihn, als er sie anspricht (Joh 20,16). Er trägt auch noch die Wundmale (Joh 20,24–29), ist erfahrbar derselbe wie vorher.

Die Auferstehung als Geschehen übersteigt die herkömmlichen Vorstellungen von Geschichte. Der Auferstandene hat die irdische Zeit verlassen und ist bei Gott. Die Rede von der Auferstehung ist eine Grenzaussage, an der Grenze von der Zeit zur Ewigkeit. Deshalb lässt sich die Auferstehung auch nicht beweisen, sondern nur im Glauben erfassen. Beim Geschehen selbst gibt es keine Zeugen, niemand war dabei. Die Zeugnisse betreffen das leere Grab und die Erscheinungen. Die Frauen berichten: »Sie haben den Herrn aus dem Grab weggenommen« (Joh 20,2). Das allein ist noch keine Erklärung; das Faktum lässt mehrere Deutungen zu, und so ist auch die Hypothese, der Leichnam sei geraubt worden (Mt 27,64; 28,13), schnell zur Hand. Denen aber, die sich auf das einlassen, was Jesus während seines irdischen Lebens gesagt und getan hat, und die die Ereignisse im Glauben und in der Kenntnis des Alten Testamentes reflektieren, zeigt sich: Auf wunderbare Weise hat Gott das Geschick seines Sohnes gewendet; er hat ihn nicht im Grab zurückgelassen, sondern ihn zum Anfang des Neuen Lebens gemacht. »Im Glauben erfassen« bedeutet auch: Man muss sich die Gewissheit von Gott schenken lassen. Deshalb erklärt der Engel am Grab den entsetzten Frauen, was passiert ist (Mt 28,5), und die Jünger von Emmaus verstehen erst, als Jesus selbst es ihnen erklärt und sich durch das Zeichen des Brotbrechens zu erkennen gibt (Lk 24,13–35).

Die Auferstehung selbst ist ein Übergang aus der menschlichen Geschichte Jesu, die auch im Tod und im Gestorbensein noch echte menschliche Geschichte war, und führt in die neue Existenz, die jenseits dieser Geschichte liegt. Das Ereignis ist einerseits historisch, weil es sich umgrenzen lässt, wenn auch nicht klar erfassen; andererseits geht es über die Geschichte hinaus, ist ein transzendentes Ereignis, eines, das unseren alltäglichen Horizont übersteigt. Und doch ist es eine Wirklichkeit, die sich immer wieder neu bewährt.[97]

8.2 *Leib und Seele*

Die große Hoffnung der Christen ist die Auferstehung der Toten. Während es im Bekenntnis von Nicaea-Konstantinopel heißt: »Ich erwarte die Auferstehung der Toten« *(et exspecto resurrectionem mortuorum)*, ist im Apostolischen Glaubensbekenntnis wörtlich die Rede von der »Auferstehung des Fleisches« *(carnis resurrectio)*.[98] Der Begriff »Fleisch« weist darauf hin, dass im Bekenntnis einer möglichen Verkürzung des christlichen Glaubens ein Riegel vorgeschoben werden soll: Christen glauben an die leibliche Auferstehung der Toten.

Damit ist ein wesentlicher Aspekt der biblischen Auferstehungshoffnung umrissen. Gott hat dem *ganzen* Menschen die Auferstehung verheißen. Christen glauben, dass jeder Mensch als Person – das heißt in Begriffen griechisch-philosophischer Anthropologie: als Leib und Seele – von Gott angesprochen ist und in diesem Gegenüber zu Gott auch über das Ende der Zeiten hinaus bleibt.

a. Auferstehung des Fleisches und Unsterblichkeit der Seele

Die Diskussion um die Auferstehung des Fleisches entsteht in der Auseinandersetzung mit der Gnosis. Für deren Auffassung kann Vollendung nur in der Teilung der beiden Prinzipien des Menschen, des geistig-seelischen und des körperlichen, und unter Zurücklassung des Letzteren geschehen. Denn der Leib bindet die Seele an das Irdische und muss daher überwunden werden. Dagegen polemisiert die christliche Theologie. Der erste Kirchenvater, der die lateinische Sprache benutzte, Tertullian († nach 220), betont etwa, dass Christus die menschliche Natur als »Vereinigung aus Leib und Seele« angenommen hat:

> Er wird also nicht dulden, dass auch nur eins von dem, was er empfangen hat, zu Grunde gehe, ja nicht einmal eins von beiden, nicht einmal das Geringere. Ist das Fleisch das Geringere, dann auch nicht das Fleisch, weil er auch das Geringe nicht verliert, noch überhaupt etwas, da er nichts verliert. Wollte er nun aber das Fleisch am Jüngsten Tage nicht wieder auferwecken, so ließe er schon nicht mehr etwas Geringes vom Menschen zu Grunde gehen, sondern ich möchte entsprechend der Wichtigkeit des betreffenden Teiles fast sagen, den ganzen Menschen.[99]

Der ganze Mensch ist von Gott geschaffen und mehr noch, der ganze Mensch ist von Gott erlöst. Alles andere wäre nur eine lückenhafte Vorstellung von Erlösung.

Wie aber steht es mit dem Menschenbild und was bedeutet die Rede von der Auferstehung des Fleisches? Die Begriffe Seele und Leib haben im Lauf ihrer Geschichte viele Wandlungen durchgemacht. Die biblische Anthropologie sieht den Menschen als vielgestaltige Einheit. Das hat auch Folgen für die Begegnung des Christentums mit der griechischen Philosophie. Zwar wird von Leib und Seele oder von Leib, Seele und Geist gesprochen. Dabei steht das aristotelische Verständnis im Hintergrund, wonach die Seele als Form, der Leib als Materie den Menschen konstituieren.[100] Doch erscheinen sie in der christlich-theologischen Tradition nicht als verschiedene selbständige Größen, die unabhängig voneinander existieren und im Menschen auf wunderbare Weise verbunden würden. Ein solcher Dualismus entspricht dem aristotelischen Verständnis von Leib und Seele nicht, sondern wird erst in der Neuzeit bei René Descartes († 1650)[101] ausgeprägt. Darauf geht die heute meistverbreitete Sicht zurück. Sie findet sich in vereinfachter Form in manchem vermeintlich frommen Verständnis, entspricht aber dem großen Strom der theologischen Tradition nicht.

Bei näherer Untersuchung zeigt sich, dass von der Tradition her kein Leib-Seele-Dualismus vorgegeben ist. Vielmehr sind beide nur von ihrer Einheit her begreifbar. Wenn Thomas von Aquin – dabei konsequent den aristotelischen Ansatz weiterdenkend – die »Seele als einzige Form des Leibes« *(anima unica forma corporis)* definiert,[102] so kommt darin die wechselseitige Verwiesenheit von Seele und Leib zum Ausdruck. Dabei wird klar, dass Seele und Leib nicht als zwei getrennte substantielle Entitäten vorgestellt werden können, sondern nur miteinander einen ganzen Menschen bilden. Statt zu sagen: »Ich habe einen Leib«, und: »Ich habe eine Seele«, muss es zutreffender heißen: »Ich *bin* mein Leib, ich *bin* meine Seele.« Leib freilich ist viel mehr als nur Fleisch und Knochen; er ist ein dynamisches Prinzip, das unser körperliches Dasein bestimmt. Und es bedarf neuer Deutungen des Seelenbegriffs. Wenn man mit »Seele« meint, dass in jedem Menschen etwas ist, was von Gott angenommen und geliebt ist, unabhängig davon, was der Mensch dazu beiträgt, dann hat auch die Rede von der »Unsterblichkeit der Seele« einen neuen Sinn.[103]

Im Kontext der Frage nach Tod und Auferstehung gehen die meisten Theologen beim Gebrauch des Begriffs »Seele« heute behutsam vor, um nicht in ein dualistisches Missverständnis zu verfallen. Sowohl »Leib« als auch »Seele« meinen jeweils den ganzen Menschen. In der traditionellen Terminologie ist die Rede davon, der Tod bedeute die Trennung von Leib und Seele. Der Leib gehe zugrunde, die Seele, die als unsterblich verstanden wird, überdauere hingegen den Tod. Um in der christlichen Tradition die leibliche Auferstehung zu wahren, wird die Vorstellung von der Unsterblichkeit der Seele verknüpft mit der Idee eines Zwischenzustandes, wo die Seele nach dem Tod gewissermaßen auf den Jüngsten Tag wartet, um dann wieder ihren erneuerten Leib auszuformen. Die Auferstehung der Toten gilt dann als vollendet, wenn Seele und Leib wieder zur Einheit zusammenfinden. Aus vielfältigen Gründen ist diese Vorstellung fragwürdig geworden.

Wäre es daher eine Lösung, die Rede von Leib und Seele nicht besser ganz zu vermeiden? Der Tod – als Trennung von Leib und Seele – setzt nach traditionell christlichem Verständnis nicht, wie es gnostisch hätte verstanden werden können, die Seele für einen neuen Lebensabschnitt frei, sondern markiert das Ende des Lebens, weil eine Seele ohne Leib keiner Entfaltung fähig ist. Auferstehung von den Toten geschieht nach christlichem Verständnis immer als leibliche Auferstehung, und sie geschieht als Teilhabe am Ganzen der erlösten Welt. Die Rede von der Seele im christlichen Kontext soll das Leibliche nicht abwerten, sondern im Gegenteil Raum schaffen für den Gedanken der leiblichen Auferstehung. Der Leib trägt die Merkmale unserer Identität: Gesicht und Haltung, Lachen und Weinen, Härten und Wunden. Die Rede von der Unsterblichkeit der Seele und der Auferstehung des Leibes hält die Identität des Menschen über Tod und Auferstehung hinaus fest. Auch im Tod bleibt jeder Mensch er oder sie selbst. Diese innere Personmitte, die von der leiblichen Konkretisierung nicht real zu trennen ist, wird mit dem Wort Seele angesprochen. Es handelt sich bei diesem Begriff daher, wie Gisbert Greshake schreibt, um ein für das Christentum unverzichtbares »Urwort« der Menschheit.[104]

Ein möglicher Verzicht auf den Begriff Seele birgt die Gefahr in sich, dass wesentliche Momente der christlichen Theologie verlorengehen. Um aber auf heute verständliche und der Sache adäquate Weise von Seele zu reden, ist es notwendig, die wesentlichen Elemente des Begriffs zu betonen. Es bedarf einer Neufassung des Seelenbegriffs. Dazu soll hier auf ein wesentliches Element hingewiesen werden, das auch in der Tradition etwas zu kurz kommt. Thomas von Aquin hatte, wie viele andere, die Seele ontologisch bestimmt. Von der Heiligen Schrift und vom christologischen Zeugnis her ist es aber notwendig, sie darüber hinaus dialogisch zu bestimmen. Dann erscheint die Seele nicht nur als die Personmitte und die lebendig-bewegende Instanz im Menschen, sondern auch als der Ort der Begegnung miteinander und mit Gott. In der Seele ist jeder Mensch immer schon zuvor von Gott angesprochen und bleibt das auch über den Tod hinaus.[105] Gisbert Greshake bringt seine Ansichten über das Menschenbild deutlich zum Ausdruck: »Der Mensch kann angemessen nur bestimmt werden, wenn er als Einheit zweier Pole gesehen wird: Er ist Teil dieser sichtbaren Welt – und zugleich Bild Gottes, das in engster Beziehung zu ihm stehende, von ihm persönlich berufene und zur Antwort befähigte ›Du Gottes‹«.[106]

Die Leiblichkeit zeigt sich in der engen Verbindung jedes Menschen mit der ganzen materiellen Schöpfung.[107] Die Seele aber drückt seine Beziehung über die Grenzen des Irdischen hinaus zu Gott aus, die Transzendenz. Mit dieser doppelt als Beziehung bestimmten, doch *einen* Wirklichkeit des Menschseins wird deutlich, dass der Mensch, wenngleich er sich selbst nicht immer so einheitlich erfährt, vom Christlichen her als Einheit zu verstehen ist, von der Einheit des Ursprungs und des Zieles her. Bei einer solchen Sicht kann die Einheit des Menschen gewahrt werden, ohne deshalb in ein materialistisches oder spiritualistisches Extrem zu verfallen.

Joseph Ratzinger, der Greshakes Ansatz in mehrfacher Hinsicht kritisiert, setzt sich in seiner Eschatologie mit Tendenzen auseinander, um der Einheit des Menschen willen auf die traditionelle Begrifflichkeit ganz zu verzichten. Das Grundanliegen, die Einheit des Menschseins zu wahren, teilt er aber: »Aus dem Schöpfungsglauben folgt der ganzheitliche Charakter der christlichen Hoffnung. Was gerettet wird, ist das eine Geschöpf Mensch, die Ganzheit und Einheit der Person, die sich in unserem leibhaftigen Leben zeitigt.«[108] Doch ist diesem Gedanken Ratzinger zufolge nicht gedient, wenn der Begriff Seele aufgegeben wird. Die leib-seelische Dualität ist im christlichen Denken nicht so weit geführt, dass daraus ein Leib-Seele-Dualismus würde.

Wenn das Menschenbild auf der Höhe der theologischen Tradition verstanden wird, ist damit kein trennender Dualismus von Leib und Seele verbunden – der aber immer wieder in Gefahr steht, sich ins Denken einzuschleichen. Das gilt es zu verhindern, ohne deshalb die verschiedenen Elemente des Menschseins, die mit den Begriffen Leib und Seele angesprochen sind, zu verlieren.

b. Auferstehung im Tode oder am Ende der Zeit?

Um cin dualistisches Menschenbild zu vermeiden und die missverständliche Rede vom Zwischenzustand zu unterlassen, haben namhafte Theologen des 20. Jahrhunderts vorgeschlagen, theologisch von einer »Auferstehung im Tode« zu reden. Mit dem Tod verlässt der Mensch die Zeit. Er verlässt die irdische Geschichte und nimmt teil an der göttlichen Ewigkeit. Daher habe die Rede vom »Warten« auf den Jüngsten Tag und damit die Idee eines »Zwischenzustandes« wenig Sinn. Dieser Vorschlag hat unter den deutschen Theologen eine große Debatte ausgelöst.[109] Das Grundanliegen ist, eschatologische Aussagen nicht nur von räumlichen, sondern auch von zeitlichen Aspekten frei zu halten. Mit dem Tod endet die Lebenszeit. Wer stirbt, tritt aus der Zeit heraus und ist direkt bei Gott. Anders gesagt: Sofort im Tod ereignen sich der Jüngste Tag und die leibliche Auferstehung für jeden Menschen. Damit »beginnt« die Ewigkeit, die nach dem mittelalterlichen Verständnis als *aevum* unterschieden ist von Gottes Ewigkeit *(aeternitas)*. Das *aevum* ist verklärte Zeit ohne Ende. Die These von der Auferstehung im Tode soll die Probleme eines Leib-Seele-Dualismus lösen, wonach die Seele nach dem Tod gewissermaßen alleinbliebe bis zum Jüngsten Tag, um auf den Leib zu warten. Die These zielt auch darauf, den radikalen Unterschied zwischen der Zeitlichkeit der Welt und der Ewigkeit Gottes in den Blick zu nehmen. Gisbert Greshake verweist auf die »Einheit des Menschen auch im Vollendungsgeschehen«, weil der Mensch »ein leibliches und welthaft verfasstes Wesen« ist. Diese Einheit bleibt auch in der Auferstehung gewahrt. »Der Mensch ist im Tode und in der hier stattfindenden Gottesbegegnung genau das, was aus seiner ›Leibhaftigkeit‹, d.h. Welt- und Geschichtsverwobenheit und -gebundenheit geworden ist. So gesehen trägt die Seele in ihrer Vollendung den erweckten verklärten Leib (und damit den vergangenen welthaften Ausdruck) in sich.«[110]

Die Kritik an dieser These weist einerseits auf die Probleme hin, die entstehen, wenn der Seelenbegriff eliminiert wird. Dann zeigt sie auf, dass die Rede von der Auferstehung im Tode den allgemeinen Aspekt der leiblichen Auferstehung verkürzt. Kann denn eine leibliche Auferstehung gedacht werden ohne eine Vollendung von Welt und Geschichte? Joseph Ratzinger schreibt: »Der Mensch, der stirbt, tritt selbst aus der Geschichte heraus – sie ist für ihn (vorläufig!) abgeschlossen; aber er verliert nicht die Beziehung auf die Geschichte, weil das Netz der menschlichen Relationalität zu seinem Wesen selber gehört.«[111] Diese Vorstellung würde auch die Geschichte nicht ernst nehmen, weil sie individuell für den Verstorbenen schon zu Ende wäre. Geschichte ist aber immer die Geschichte aller Menschen und Geschichte der Menschen mit Gott.

Die leibliche Auferstehung ist immer mit dem »Tag des HERRN« verbunden, also mit der Vollendung der ganzen Welt und der ganzen Menschheit, weil Leiblichkeit nur dann richtig verstanden scheint, wenn sie ein Anteilhaben an der ganzen Weltgeschichte bedeutet. Wird der Leib nur individuell und so eingeschränkt gesehen, wird damit das Menschsein insgesamt verkürzt verstanden. Dieses Anliegen kann bei der These von der Auferstehung im Tode zu kurz kommen. Trotz dieser Probleme ist freilich das wertvolle Anliegen der These zu wahren und zu würdigen.

8.3 Das ewige Leben

Das ewige Leben ist ein Leben des ganzen Menschen, freilich nicht in der irdischen Gebrechlichkeit. Wenn von der Auferstehung des Leibes die Rede ist, ist nicht gemeint, wir würden gewissermaßen so im Himmel weiterleben, wie wir die Erde verlassen haben. Leib ist etwas anderes als Körper. Ein Leib zu sein meint, am Ganzen der geschaffenen Welt Anteil zu haben, an der Materie aber auch an der Dynamik, der die ganze Schöpfung jetzt unterliegt.[112]

Ewigkeit ist nicht zu verwechseln mit endloser Dauer. Ewig bedeutet nicht »für immer andauernd«. Die Zeit verläuft für uns nicht völlig gleichförmig. Eine Minute Zeit für eine wichtige Erledigung scheint uns kurz, eine Minute im Wartesaal des Zahnarztes, vor einer Prüfung oder an einer Straßenbahnstation lange. Erfüllt ist der Augenblick, in dem zwei Liebende einander begegnen, oder die erste Begegnung mit einem neugeborenen Kind. Solche Momente geben eine Ahnung davon, was ewig bedeutet. Ewigkeit bedeutet eine andere Qualität als Zeit, nicht deren Verlängerung ins Unendliche. Wenn die Auferstehung in das ewige Leben mündet, bedeutet das etwas völlig Neues, erfüllte und erfüllende Präsenz. Das ewige Leben ist zu verstehen als endgültige Begegnung mit Gott und intensives Verweilen in seiner Gegenwart.

Wie ewiges Leben sein wird, können wir uns in Bildern ausmalen, in erfüllten Momenten erfahren. Doch Leben in Fülle, wie es verheißen ist (vgl. Joh 10,10), übersteigt alle Vorstellungen.

Es ist, »was kein Auge gesehen und kein Ohr gehört hat, was in keines Menschen Herz gedrungen ist, was Gott denen bereitet hat, die ihn lieben« (1 Kor 2,9).[113] Die Erfahrung der Auferstehung Jesu, dass Gott zu Ostern alles neu macht, ist der Schlüssel für die Auferstehungshoffnung der Christinnen und Christen. Christliche Existenz in Hoffnung bedeutet, aus der Ostererfahrung zu leben und für die Auferstehung Zeugnis abzulegen.

Ewigkeit ist ewige Gegenwart, Leben als Leben in Fülle in erfüllender Begegnung mit dem, der die Erfüllung meines Lebens, die Erfüllung der ganzen Menschheit und der ganzen Welt ist. Das bedeutet auch, Ewigkeit als Liebe wahrzunehmen. So kann die Erfahrung von Ewigkeit in der Zeit nichts anderes sein als die Erfahrung Gottes selbst in dieser Welt. Eine solche Erfahrung verlangt freilich auch die Vollendung des Ganzen, dass die Welt insgesamt vor Gott steht, das Gute den Sieg erringt und das Böse aus unserer Mitte entfernt wird um des Guten willen. Ewigkeit ist also ganz anders als die Zeit, wie Hans Urs von Balthasar hervorhebt: »Die Tiefe der Ewigkeit, die in allem Geschehen geheimnisvoll mithallt, ist ob der unaufhörlich weiterdrängenden Zeit nicht zu erloten; kein Augenblick gibt her, was er enthält, die Erfüllung selbst hat den Charakter einer Verheißung, die zwar nicht auf ein ›Anderes‹, aber auf ein ›Anders‹ des Jetzigen verweist.«[114]

Die Zeit ist das Gegenstück zur Ewigkeit, weil sie wegdrängt. Der Augenblick hingegen eröffnet uns einen Blick in die Ewigkeit, doch einen, der als Blick sich nicht ausloten lässt. Erfahrungen der Gottesbegegnung in aller Tiefe sind es, die einen Vorgeschmack des Eschaton erahnen lassen. Aus dieser Erfahrung können die, die an Christus glauben, leben, hoffen und für diese Hoffnung Rechenschaft ablegen. Diese Hoffnung geht über die Grenzen der Glaubensgemeinschaft hinweg und strahlt aus auf alle Menschen, die sich ehrlich bemühen. Ein Leben aus der österlichen Erfahrung bewahrt zwar nicht vor dem Leid und der Angst vor dem Tod. Sie gibt aber eine andere Sicht auf das Leben, eröffnet neue Horizonte. Die Hoffnung auf die Erfüllung in Gott erfüllt auch das Leben in der Welt.

Anmerkungen

1 Augustinus, Bekenntnisse/Confessiones XI, 14.17.

2 Isaac Newton, Philosophiae naturalis principia mathematica I schol. zur def. VIII. Vgl. Peter Janich, Zeit VII. Zeit in der Physik. In: Historisches Wörterbuch der Philosophie, Bd. 12 (2004), 1244–1249, hier: 1246.

3 Vgl. Mike Sandbothe, Die Verzeitlichung der Zeit. Grundtendenzen der modernen Zeitdebatte in Philosophie und Wissenschaft, Darmstadt 1998, 8–9.

4 Immanuel Kant, Kritik der reinen Vernunft A 31–32; B 47.

5 Vgl. Anton Friedrich Koch, Zeit und Ewigkeit. In: Edmund Arens (Hg.), Zeit denken. Eschatologie im interdisziplinären Diskurs, Freiburg i. Brsg. 2010, 81–100.

6 Vgl. Alex Stock, Poetische Dogmatik. Schöpfungslehre 1, Paderborn 2010, 110–116.

7 Denzinger/Hünermann, Enchiridion symbolorum, Nr. 800. Zum Folgenden vgl. Hubert Philipp Weber, »Du aber bleibst, der du bist«. Dogmatische Notizen zur Rede von der Ewigkeit und Unveränderlichkeit Gottes. In: Internationale Katholische Zeitschrift Communio 36 (2007) 408–421.

8 Vgl. dazu Thomas Freyer, Zeit IV. Systematisch-theologisch. In: Lexikon für Theologie und Kirche, 3. Aufl., Bd. 10 (2001), 1411–1413.

9 Søren Kierkegaard, Die Krankheit zum Tode, Stuttgart 1990, 8; vgl. Helmut Echternach, Ewigkeit. In: Historisches Wörterbuch der Philosophie, Bd. 2 (1972), 838–844, hier: 842–843.

10 Aristoteles, Physik III, 1, 200b–201a.

11 Vgl. Dtn 33,27; Sir 36,22; Jes 40,28; Dan 13,42; Hab 1,12.

12 Zum Folgenden vgl. Josef Pfammatter, In: Mysterium Salutis II, 289.

13 Vgl. Wolfhart Pannenberg, Systematische Theologie I, Göttingen 1988, 436. Beispiele für die Rezeption des philosophischen Begriffs v. a. bei den Apologeten bietet: ders., Die Aufnahme des philosophischen Gottesbegriffs als dogmatisches Problem der frühchristlichen Theologie. In: ders., Grundfragen systematischer Theologie. Gesammelte Aufsätze, Göttingen 1967, 296–346, hier: 327–329.

14 Vgl. Magnus Löhrer, In: Mysterium Salutis II, 310–311. Dazu auch: »Eine Wohnung ist der Gott der Urzeit, von unten tragen sie die Arme

des Ewigen. Er trieb den Feind vor dir her, er sagte: Vernichte!« (Dtn 33,27).

15 Vgl. Frank MEESSEN, Unveränderlichkeit Gottes. In: Lexikon für Theologie und Kirche, 3. Auflage, Bd. 10 (2001), 448–449.

16 Vgl. Jürgen MOLTMANN, Trinität und Reich Gottes. Zur Gotteslehre, München 1980, 18–21.

17 Karl RAHNER, Zur Theologie der Menschwerdung. In: ders., Schriften zur Theologie 4, 137–155, hier: 146.

18 RAHNER, Zur Theologie der Menschwerdung, 146–147.

19 Zum Folgenden vgl. Hubert Philipp WEBER, Und Gott segnete sie. Die Schöpfungsgeschichte verstehen, Ostfildern 2019, 162–174.

20 Zum Geschichtsverständnis vgl. Karl LÖWITH, Weltgeschichte und Heilsgeschehen. Die theologischen Voraussetzungen der Geschichtsphilosophie, Stuttgart [8]1990 (orig. Meaning in History, Chicago 1949). Zur allgemeinen Eschatologie in Blick auf die Naturwissenschaft siehe Klaus P. FISCHER, Kosmos und Weltende. Theologische Überlegungen vor dem Horizont moderner Kosmologie, Mainz 2001, besonders 99–110.

21 Vgl. Bernard N. SCHUMACHER, Der Tod in der Philosophie der Gegenwart, Darmstadt 2004, 25–40; Petra GEHRING, Theorien des Todes zur Einführung, Hamburg [2]2011, 168–176.

22 SENECA, De brevitate vitae 1,1. Zu Deutung und Umfeld vgl. GEHRING, Theorien des Todes 48–59.

23 Vgl. Martin HEIDEGGER, Sein und Zeit, Tübingen [16]1986, 235–266; Saskia WENDEL, Kontingenz. In: Lexikon philosophischer Grundbegriffe in der Theologie, Freiburg i. Brsg. 2003, 229–231, hier: 231. Vgl. auch Michael BORDT, Die Kunst, sich selbst auszuhalten. Ein Weg zur inneren Freiheit, München 2013.

24 SCHUMACHER, Der Tod in der Philosophie der Gegenwart 80.

25 Karl RAHNER, Zur Theologie des Todes, Freiburg i. Brsg. 1958, 28–30.

26 Franz Josef WETZ, Tot ohne Gott. Eine neue Kultur des Abschieds, Aschaffenburg 2018.

27 WETZ, Tot ohne Gott 47.

28 WETZ, Tot ohne Gott 52.

29 WETZ, Tot ohne Gott 60.

30 WETZ, Tot ohne Gott 75.

31 WETZ, Tot ohne Gott 125.

32 Thomas NAGEL, Der Tod. In: ders., Letzte Fragen. Erweiterte Neuausgabe, Darmstadt 1996, 17–28.

33 EPIKUR, Brief an Menoikeus 125; Vgl. NAGEL, Der Tod 20; Wolfgang BEINERT, Tod und jenseits des Todes, Regensburg 2000, 15.
34 NAGEL, Der Tod 25; vgl. 21–24.
35 »Ich vermute daher, dass womöglich doch etwas Entscheidendes unter den Tisch fällt, wenn man das Schlechte am Tod dadurch erklärt, dass man ihn nur als den *Verlust von Möglichkeiten* auffasst.« NAGEL, Der Tod, Anm. 3, 25–26; Zit. 26.
36 NAGEL, Der Tod 27.
37 Thorwald DETHLEFSEN, Schicksal als Chance. Das Urwissen zur Vollkommenheit des Menschen, München [29]1990, 203.
38 Forschungen dazu stammen etwa von Christoph SCHÖNBORN, Existenz im Übergang. Pilgerschaft, Reinkarnation, Vergöttlichung, Einsiedeln 1987; Lothar LIES, Origenes und Reinkarnation. In: Zeitschrift für Katholische Theologie 121 (1999) 139–158 und 249–268; siehe auch Medard KEHL, Und was kommt nach dem Ende? Von Weltuntergang und Vollendung, Wiedergeburt und Auferstehung, Mainz 2005, 57–71.
39 KEHL, Und was kommt nach dem Ende? 66–71.
40 Zum Folgenden vgl. Bernhard SILL / Renée RAUCHALLES, Die Kunst des Sterbens, Regensburg 2001.
41 Vgl. SILL / RAUCHALLES, Die Kunst des Sterbens 15–26.
42 Rainer Maria RILKE, Das Stunden-Buch. Von der Armut und vom Tode (I, 346–347).
43 Gotteslob. Katholisches Gebet- und Gesangbuch, Stuttgart 2013, Nr. 608,3; Katechismus der Katholischen Kirche Nr. 1020.
44 Zu den Riten vgl. Georg SCHWIKART, Tod und Trauer in den Weltreligionen, Kevelaer [2]2010, 14–17.
45 Alle Zitate aus: Manuale für die Begräbnisfeier. Pastoralliturgische Handreichung zur Feier des Begräbnisses in der Erzdiözese Wien, hg. vom Liturgiereferat der Erzdiözese Wien, Wien [2]2013, 98–101; Die kirchliche Begräbnisfeier in den Bistümern des deutschen Sprachgebietes. Zweite authentische Ausgabe auf der Grundlage der Editio typica 1969. Freiburg i. Brsg. 2009, 114–115.
46 Vgl. etwa Kongregation für die Glaubenslehre, Schreiben zu einigen Fragen der Eschatologie, 17. Mai 1979.
47 Karl RAHNER, Grundkurs des Glaubens. Einführung in den Begriff des Christentums, Freiburg i. Brsg. 1976, 415.
48 Karl RAHNER, Theologische Prinzipien zur Hermeneutik eschatologischer Aussagen, in: ders., Schriften zur Theologie IV, Einsiedeln 1960, 401–428, hier: 415–416.

49 Hans Urs von Balthasar, Umrisse der Eschatologie, in: ders., Verbum Caro. Skizzen zur Theologie I, Einsiedeln 1960, 282.

50 Jürgen Moltmann, Theologie der Hoffnung. Untersuchungen zur Begründung und zu den Konsequenzen einer christlichen Eschatologie, Gütersloh [13]1997, 12, vgl. 11–15; vgl. ders., Im Ende – der Anfang. Eine kleine Hoffnungslehre, Kevelaer 2018, 127–135.

51 Franz Gruber, Der Diskurs der Hoffnung. Zur Hermeneutik eschatologischer Aussagen, in: Edmund Arens (Hg.), Zeit denken. Eschatologie im interdisziplinären Diskurs, Freiburg i. Brsg. 2010, 19–45, hier: 31.

52 Vgl. Benedict Thomas Viviano, Das Reich Gottes in der Geschichte. Zwischen Befreiungsbotschaft und Machtlegitimation, Regensburg 2014, 13–15.

53 Ähnlich Lk 10,18; 11,21–22; 17,21.

54 Vgl. Viviano, Das Reich Gottes in der Geschichte 18–19.

55 Vgl. Viviano, Das Reich Gottes in der Geschichte 22–23.

56 Vgl. Viviano, Das Reich Gottes in der Geschichte 15–16.

57 Vgl. Viviano, Das Reich Gottes in der Geschichte 31.

58 Vgl. Medard Kehl, Dein Reich komme. Eschatologie als Rechenschaft über unsere Hoffnung, Kevelaer 2003, 168–171; Viviano, Das Reich Gottes in der Geschichte 28–34.

59 Vgl. Viviano, Das Reich Gottes in der Geschichte 14–15.

60 Vgl. Viviano, Das Reich Gottes in der Geschichte 33–56.

61 Eusebius von Caesarea, Kirchengeschichte / Historia Ecclesiastica 3, 39.12.

62 Zum Folgenden vgl. Reinhard Messner, Einführung in die Liturgiewissenschaft, Paderborn 2001, 155–185.

63 Vgl. Bernhard Lang, Himmel, Hölle, Paradies. Jenseitswelten von der Antike bis heute, München 2019, 24.

64 Vgl. Johanna Rahner, Einführung in die Eschatologie, Freiburg i. Brsg. 2010, 284–297; Herbert Vorgrimler, Geschichte des Paradieses und des Himmels, München 2008.

65 Zum Ganzen vgl. Bernhard Lang, Himmel, Hölle, Paradies 32–48; Armin Schmitt, Himmel II. Biblisch-theologisch. In: Lexikon für Theologie und Kirche, 3. Aufl., Bd. 5 (1996), 116–117; J. Schmid, Himmel II. Die Himmelsvorstellungen der Schrift. In: Lexikon für Theologie und Kirche, 2. Aufl., Bd. 5 (1960), 354–355.

66 Brief an Diognet 5,5. Siehe auch Cyprian von Karthago, Tractatus de mortalitate c. 24.

67 Gotteslob Nr. 505.

68 Gotteslob Nr. 515 (deutsch) – 516 (lateinisch).
69 Vgl. Medard KEHL, Himmel III. Systematisch-theologisch. In: Lexikon für Theologie und Kirche, 3. Aufl., Bd. 5 (1996), 117–119; Joseph RATZINGER, Himmel III. Systematisch. In: Lexikon für Theologie und Kirche, 2. Aufl., Bd. 5 (1960), 355–358.
70 AUGUSTINUS, Bekenntnisse/Confessiones IX, 10,24; XIII, 31.46–38,53; vgl. Johannes KREUZER, Visio. In: Historisches Wörterbuch der Philosophie, Bd. 11 (2001), 1068–1071.
71 Eine Übersicht dazu findet sich bei Matthias FRITSCH/Martin LINDWEDEL/Thomas SCHÄRTL, Wo nie zuvor ein Mensch gewesen ist. Science-Fiction-Filme: Angewandte Philosophie und Theologie, Regensburg 2003, 147–154.
72 Vgl. FRITSCH u. a., Wo nie zuvor ein Mensch gewesen ist 154–157.
73 Vgl. FRITSCH u. a., Wo nie zuvor ein Mensch gewesen ist 108–117.
74 Vgl. Horatio E. LONA, Hölle II. Biblisch-theologisch. In: Lexikon für Theologie und Kirche, 3. Aufl., Bd. 5 (1996), 231–232; Joachim GNILKA, Hölle II. Die Aussagen der Schrift. In: Lexikon für Theologie und Kirche, 2. Aufl., Bd. 5 (1960), 445–446.
75 Brief des Kaisers Michael an Papst Gregor X., verlesen beim Zweiten Konzil von Lyon, 6. Juli 1274, c. 858, wörtlich zitiert etwa vom Konzil von Florenz im Dekret für die Griechen *Laetentur caeli* vom 6. Juli 1439, DENZINGER/HÜNERMANN, Enchiridion symbolorum, Nr. 1306.
76 BENEDIKT XII., Konstitution Benedictus Deus, 29. Jänner 1336, DENZINGER/HÜNERMANN, Enchiridion symbolorum, Nr. 1002.
77 Vgl. Herbert VORGRIMLER, Geschichte der Hölle, München ^{2}1994, 331–332; Peter HÜNERMANN, Kommentar zu Lumen gentium, Herders Theologischer Kommentar zum Zweiten Vatikanischen Konzil, Bd. 2, Freiburg i. Brsg. 2004, 508–509.
78 Joseph RATZINGER, Hölle V. Systematisch. In: Lexikon für Theologie und Kirche, 2. Aufl., Bd. 5 (1960), 449.
79 Hans Urs VON BALTHASAR, Kleiner Diskurs über die Hölle. Apokatastasis, Neuausgabe Einsiedeln ^{3}1999, 59.
80 Vgl. BALTHASAR, Kleiner Diskurs über die Hölle 59–70.
81 DENZINGER/HÜNERMANN, Enchiridion symbolorum, Nr. 1820.
82 Vgl. BEINERT, Tod und jenseits des Todes 103–104.
83 Franz-Josef NOCKE, Eschatologie, in: Theodor SCHNEIDER (Hg.), Handbuch der Dogmatik II, Düsseldorf 1992, 377–478, hier: 466–468.
84 Vgl. ANSELM VON CANTERBURY, Cur Deus homo? I, 24.
85 Vgl. Ottmar FUCHS, Das Jüngste Gericht. Hoffnung auf Gerechtigkeit,

Regensburg ²2009; ders., Das Jüngste Gericht. Hoffnung über den Tod hinaus, Regensburg 2018; Johanna RAHNER, Einführung in die christliche Eschatologie, Freiburg i. Brsg. 2010, 201–202.

86 Vgl. Marius REISER, Gericht Gottes II. Biblisch-theologisch. In: Lexikon für Theologie und Kirche, 3. Aufl., Bd. 4 (1995), 515–516.

87 So sagt es das Zweite Vatikanische Konzil in der Liturgiekonstitution Sacrosanctum Concilium, Nr. 81.

88 Andreas HEINZ, Dies irae. In: Lexikon für Theologie und Kirche, 3. Aufl., Bd. 3 (1995), 219.

89 Hans Urs von BALTHASAR, Eschatologie in unserer Zeit. Die letzten Dinge des Menschen und das Christentum, Freiburg i. Brsg. 2005, 104.

90 Vgl. BEINERT, Tod und jenseits des Todes 105–107.

91 Vgl. Johanna RAHNER, Einführung in die christliche Eschatologie 230.

92 Vgl. Johanna RAHNER, Einführung in die christliche Eschatologie 227–232.

93 Zum Ganzen vgl. Hans KESSLER, Sucht den Lebenden nicht bei den Toten. Die Auferstehung Jesu Christi in biblischer, fundamentaltheologischer und systematischer Sicht. Erweiterte Neuausgabe, Würzburg 2002; Jürgen MOLTMANN, Auferstanden in das ewige Leben. Über das Sterben und Erwachen einer lebendigen Seele, Gütersloh 2020, 15–39; Hubert Philipp WEBER, Credo. Das Glaubensbekenntnis verstehen, Ostfildern 2017, 110–116.

94 Vgl. Jacob KREMER, Die Osterevangelien. Geschichten um Geschichte, Stuttgart ²1981; ders., Die Auferstehung Jesu Christi. In: Handbuch der Fundamentaltheologie, 2. Aufl., Bd. 2, 141–159.

95 Vgl. Lothar ULLRICH, Auferstehung Jesu, in: Wolfgang BEINERT (Hg.), Lexikon der katholischen Dogmatik, Freiburg i. Brsg. ²1988, 28–31.

96 Vgl. KREMER, Die Auferstehung Jesu Christi 142–144.

97 Vgl. KESSLER, Sucht den Lebenden nicht bei den Toten 354–355.

98 Lateinischer Text des Credo nach Adolf ADAM, Te Deum laudamus. Große Gebete der Kirche. Lateinisch-Deusch, Freiburg i. Brsg. 1987, 52. Zur Diskussion um die Auferstehung des Fleisches siehe John N. D. KELLY, Altchristliche Glaubensbekenntnisse. Geschichte und Theologie, Göttingen 1972, 163–165.

99 TERTULLIAN, Über die Auferstehung des Fleisches / De resurrectione carnis 34.

100 Vgl. dazu Dominik PERLER, Alter und neuer Naturalismus. In: Peter NEUNER (Hg.), Naturalisierung des Geistes – Sprachlosigkeit der Theologie?, Freiburg i. Brsg. 2003, 15–42, hier: 21–24.

101 Vgl. René DESCARTES, Meditationes de prima philosophia VI, 9.

102 Vgl. THOMAS VON AQUIN, Summa Theologiae I q. 75 a. 5 resp.; q. 76 a. 4; Summa contra Gentiles II c. 72.

103 Vgl. Joseph RATZINGER, Eschatologie – Tod und ewiges Leben, Regensburg [6]1990, 127–129.

104 Gisbert GRESHAKE, »Seele« in der Geschichte der christlichen Eschatologie. Ein Durchblick. In: Wilhelm BREUNING (Hg.), Seele. Problembegriff christlicher Eschatologie, Freiburg i. Brsg. 1986, 107–158; ders./Jacob KREMER, Resurrectio mortuorum. Zum theologischen Verständnis der leiblichen Auferstehung, Darmstadt [2]1992. Vgl. dazu RATZINGER, Eschatologie 198.

105 Vgl. RATZINGER, Eschatologie 132–133; 198–199; vgl. Erwin DIRSCHERL, Der Mensch und das Geschehen der Relationalität in der Zeit. Überlegungen zum Leib-Seele-Verhältnis aus der Sicht des biblischen Personverständnisses. In: Peter NEUNER (Hg.), Naturalisierung des Geistes – Sprachlosigkeit der Theologie?, Freiburg i. Brsg. 2003, 99–128, hier: 106–110.

106 Gisbert GRESHAKE, Seele V–VI. Theologie- und dogmengeschichtlich u. Systematisch-theologisch. In: Lexikon für Theologie und Kirche, 3. Aufl., Bd. 9 (2000), 375–379, hier: 378.

107 Vom Schriftzeugnis inspiriert, ist im jüdisch-christlichen Verständnis vom Menschen auch die Leiblichkeit positiv zu werten. Genauso wie ich als Mensch Seele oder Geist bin, bin ich auch Leib und so von Gott gewollt. Vgl. etwa Franz GRUBER, Das entzauberte Geschöpf. Konturen des christlichen Menschenbildes, Regensburg 2003, 84–94.

108 RATZINGER, Eschatologie 133.

109 Vgl. GRESHAKE, »Seele« in der Geschichte der christlichen Eschatologie 151–152; Medard KEHL, Eschatologie, Würzburg [3]1996, 275–279. Zum Folgenden vgl. Josef FINKENZELLER, Eschatologie. In: Wolfgang BEINERT (Hg.), Glaubenszugänge. Lehrbuch der katholischen Dogmatik III, Paderborn 1995, 525–671, hier: 566–568.

110 GRESHAKE, »Seele« in der Geschichte der christlichen Eschatologie 151–152.

111 RATZINGER, Eschatologie 152. Vgl auch Gerd HAEFFNER, Vom Unzerstörbaren im Menschen. Versuch einer philosophischen Annäherung an ein problematisch gewordenes Theologoumenon, in: Wilhelm BREUNING (Hg.), Seele. Problembegriff christlicher Eschatologie, Freiburg i. Br. 1986, 156–179 u. 185–191; Josef FINKENZELLER, Eschatologie, in: Wolfgang BEINERT (Hg.), Glaubenszugänge III, Paderborn u. a. 1995, 527–671, 619–

632; Christoph SCHÖNBORN, Existenz im Übergang. Pilgerschaft, Reinkarnation, Vergöttlichung, Einsiedeln 1987.

112 Vgl. Joseph RATZINGER, Einführung in das Christentum, München 1968, 289–300; ders., Eschatologie 136–160; BEINERT, Tod und jenseits des Todes 108–111.

113 Vgl. KESSLER, Sucht den Lebenden nicht bei den Toten, 410.

114 BALTHASAR, Eschatologie in unserer Zeit 79.

DR. THEOL. HUBERT PHILIPP WEBER arbeitet an der Pädagogischen Hochschule Niederösterreich; er lehrt außerdem Dogmatische Theologie an der Universität Wien und ist als Referent in der theologischen Erwachsenenbildung sowie in der Ausbildung von Priestern, Diakonen und Ehrenamtlichen tätig. Er war lange Zeit Sekretär von Kardinal Christoph Schönborn.

Von ihm liegen außerdem vor:

Credo. *Das Glaubensbekenntnis verstehen*
Gebunden, 176 Seiten, ISBN 978-3-7867-3100-9

Und Gott segnete sie. *Die Schöpfungsgeschichte verstehen*
Gebunden, 200 Seiten, ISBN 978-3-7867-3182-5

Dreifaltig. *Den christlichen Gottesglauben verstehen*
Gebunden, 176 Seiten, ISBN 978-3-7867-3328-7